Arena-Taschenbuch
Band 1315

D1856785

Aus einem Brief an den Autor:
»Meine Tochter Jennifer, 10 Jahre alt, bekam zu ihrem Geburtstag das Buch ›Ein Platz für Katrin‹ geschenkt. Sie las es sofort in einem Zug durch.
Es hat ihr sehr gut gefallen.
Nun, das ist nicht ungewöhnlich, jedoch las sie es ein zweites und drittes Mal. Immer wenn ich - froh, daß sie las, anstatt fernzusehen - fragte, na, was liest du, kam ›Ein Platz für Katrin‹. Jetzt haben die Kinder Schulferien, der Bruder ist verreist, und weil es mich interessiert, was meine Tochter an dem Buch so fasziniert, lasse ich es mir vorlesen. Es ist aber kein ›Muß‹, sondern eine Art Belohnung für sie.
Ich dachte, das würde Sie interessieren. Jennifer wollte Ihnen selbst mal schreiben, aber sie traute sich nicht so recht.
Das Buch ist wirklich sehr schön.«

Willi Fährmann

Ein Platz für Katrin

Wir lassen Katrin mitmachen

Mit Bildern von Herbert Lentz

Arena

Die Deutsche Bibliothek - CIP-Einheitsaufnahme
Fährmann, Willi:
Ein Platz für Katrin:
wir lassen Katrin mitmachen /
Willi Fährmann. -
Mit Bildern von Herbert Lentz
9. Aufl., Gesamtauflage: 69.000
Würzburg : Arena, 1993.
(Arena-Taschenbuch; Bd. 1315)
ISBN 3-401-01315-7
NE: GT

---

9. Auflage als Arena-Taschenbuch 1993
Gesamtauflage: 69.000
© 1968 by Arena Verlag GmbH, Würzburg
Dieses Buch erschien als gebundenes Buch unter dem Titel
»Die Stunde der Puppen«
Alle Rechte vorbehalten
Umschlag und Illustrationen: Herbert Lentz
Gesamtherstellung: Pfälzische Verlagsanstalt, Landau
ISSN 0518-4002
ISBN 3-401-01315-7

Inhalt

4
1
3

Das Mädchen mit dem Hexenfleck

Der Hof war ein tiefes, finsteres Loch. Rings stiegen hohe Mauern auf. Selbst an hellen Tagen, wenn die Sonne heiß vom Himmel brannte, war es zwischen den Häusern dämmerig und feucht. Die Mülltonnen hatten dicht neben dem Hoftor ihren Platz. Auf den Tonnen hockten vier Mäd-

chen: Dora, Ellen, Beate und Sigrid. Sie saßen faul da und ließen die Beine baumeln.
Katrin stand ein wenig abseits. Sie faßte sich ein Herz und sagte: „Soll ich meine Puppenstube von oben holen?"
Die vier antworteten ihr nicht einmal. Katrin war Luft für sie. Zwar wohnten die Mädchen alle im gleichen Haus, doch mit Katrin wollten sie nichts zu tun haben.
„Ich könnte euch eine Geschichte erzählen", versuchte es Katrin wieder.
„Eine schöne Geschichte?" fragte Ellen.
„Ja, eine schöne Geschichte", versprach Katrin.
„Los, fang schon an!" rief Sigrid.
Katrin lief die paar Schritte von der Mauer bis zu den Mülltonnen hinüber.
Ihre Stimme zitterte ein wenig, als sie begann: „Es war einmal ein kleines Mädchen, das hatte ein rotes . . ."
Doch weiter kam sie nicht. Sigrid fiel ihr ins Wort und äffte ihre Stimme nach: „. . . das hatte ein rotes Mützchen auf."
Im Chor riefen die vier: „Rotkäppchen! Das kennen wir schon."
Katrin schnürte es die Kehle zu. Doch sie begann noch einmal: „Es war einmal ein Müller, der war arm, aber hatte . . ."
Wieder schnatterte Sigrid dazwischen: „. . . aber hatte eine wunderschöne Tochter."
„Rumpelstilzchen! Das kennen wir schon!" schrien die vier.

Ellen sagte: „Kannst du uns nicht eine Geschichte erzählen, die wir noch nicht gehört haben?"
Da schlich Katrin traurig zu ihrem Platz an der Mauer zurück, denn Geschichten, die die vier noch nicht gehört hatten, kannte sie nicht.
„Wir bauen uns eine Wohnung", schlug Ellen vor.
„Eine Küche müssen wir haben", sagte Beate.
„Ein Wohnzimmer und ein Schlafzimmer auch", rief Dora. „Ich könnte meinen Küchenherd mitbringen", wagte Katrin zu sagen.
„Sollen wir die überhaupt mitmachen lassen?" fragte Dora und rümpfte die Nase.
„Sie hat einen schönen Küchenherd", antwortete Ellen. „Den könnten wir gut gebrauchen."
„Nein! Katrin darf nicht mitspielen!" schrie Sigrid und schlug mit dem Absatz wütend gegen das Blech der Mülltonne.
„Warum laßt ihr mich nicht mittun?" fragte Katrin. Ihre Lippen zuckten. Schmal und klein stand sie mit dem Rücken gegen die schwarze Mauer gelehnt und starrte die Mädchen an.
„Du bist doof", sagte Ellen.
„Du bist eine Heulsuse", sagte Beate.
„Du weißt ja keine Geschichten mehr", sagte Dora.
„Und auf der Backe hast du den Hexenfleck!" schrie Sigrid böse.
Katrin zuckte zusammen. Sie legte die Hand über den schokoladenbraunen Mutterfleck auf ihrer Backe. Die vier steckten die Köpfe zusammen und tuschelten. Schließlich rief Sigrid: „Wir lassen

dich erst wieder mitspielen, wenn du uns sieben neue Geschichten erzählst."

Die Mädchen sprangen von den Mülltonnen herunter, faßten sich bei den Händen und tanzten vor Katrin im Kreis. Dabei sangen sie und kreischten:

„Hexenfleck
Katzendreck
Mäusespeck!
Die Katrin holt der Teufel weg!"

Bei den letzten Worten rannten sie davon, daß die Röcke flatterten. Sie eilten zum Hoftor hinaus und liefen dem Spielplatz zu. Ihr Geschrei wurde leiser und leiser. Katrin stand allein. Die Tränen stiegen ihr in die Augen.

„Sieben neue Geschichten", seufzte sie. „Wo soll ich sieben neue Geschichten herholen?" Schließlich wischte sie sich die Augen mit den Handballen wieder blank. Aus ihrer Tasche kramte sie einen kleinen, runden Spiegel hervor und betrachtete sich darin. Mit den Fingern tastete sie über den weichen, dunkelbraunen Mutterfleck, der so groß wie ein Fünfmarkstück auf ihrer Backe lag und bis zum Ohrläppchen hin reichte.

Sie atmete tief und verbarg das Muttermal, so gut es gehen wollte, hinter ihren glatten, braunen Haaren. Dann steckte sie den Spiegel wieder in ihre Tasche und ging langsam durch die Hoftür in das Treppenhaus.

Tante Lina brät Bonbons und weiß sonst noch was

Zuerst neun Stufen, dann vierzehn Stufen, an Tante Linas Tür vorbei, wieder neun Stufen und noch einmal vierzehn; endlich kam die Tür, an der das blanke Schild mit ihrem Namen befestigt war. Peters stand darauf. Katrin Peters, so hieß sie. Gerade wollte sie die Türklinke niederdrücken und zur Mutter in die Küche gehen, da rief jemand halblaut durch das Treppenhaus:

„Bist du das, Katinka?"

Katrin wußte gleich, daß die Stimme Tante Lina gehörte. Niemand sonst nannte sie Katinka.

„Ja, Tante Lina."

„Komm ein paar Minuten zu mir. Ich will Bonbons braten. Du mußt sie probieren."

Da sauste Katrin die Stufen hinunter, nahm jedesmal zwei zugleich.

Die Tür zu Tante Linas Wohnung stand offen. Katrin eilte in die Küche. Tante Lina schüttete eben den Zucker in die Bratpfanne, stellte sie auf die Kochplatte und rührte mit einem flachen Löffel emsig darin herum. Der Zucker zerfloß und wurde braun. Mit einem Guß gab sie einen Becher Milch dazu. Das zischte und dampfte wie die Hölle. Schnell noch einmal gerührt, weg damit vom Feuer, das Messer her und die runde Scheibe fix in kleine Würfel zerteilt: Fertig waren Tante Linas braune Bratbonbons. Schon hart, aber noch heiß, lagen die Würfel auf dem Küchenbrett.

„Nun probiere." Tante Lina reichte ihr das Brett mit den Bonbons. Vorsichtig nahm Katrin ein Würfelchen zwischen die Fingerspitzen, hielt es an die Lippen, prüfte, ob es auch nicht zu heiß sei, und steckte es schließlich in den Mund.

„Dreimal gelutscht, einmal gebissen!" befahl Tante Lina. Es knackte und krachte zwischen den Zähnen. Katrin strahlte. „Wunderbar", sagte sie.

Tante Lina nahm einen Waschlappen vom Haken über dem Spülstein und tupfte Katrins Gesicht behutsam sauber.

„Haben sie dich wieder weggestoßen?" fragte sie leise. Ohne auf Antwort zu warten, fügte sie hinzu: „Dabei ahnen die dummen Mädchen gar nicht, daß so ein Muttermal, das bis zum Ohr reicht, ganz etwas Besonderes ist."

Katrin schaute Tante Lina erschrocken an und fragte: „Also doch ein Hexenfleck?"

„Unsinn!" sagte Tante Lina entrüstet. Sie lachte geheimnisvoll. „Das ist kein Hexenfleck. Das ist der Puppenstimmenhorchfleck."

„Der . . . was?" Katrins Augen wurden rund vor Staunen.

„Der Puppenstimmenhorchfleck, du Dummerchen."

„Du meinst, wer den Fleck hat . . ."

„Ganz richtig. Wer so einen Fleck hat, der kann die Puppenstimmen verstehen. Allerdings", fügte sie hinzu, „der Fleck muß wirklich bis an das Ohrläppchen reichen, sonst ist es nicht der richtige."

„Ja, sprechen denn die Puppen überhaupt?"

„Nur für solche, die es verstehen. Die meisten Menschen meinen ja, die Puppen seien stumm oder könnten bestenfalls ‚Mama' sagen. Aber Menschen, die den Fleck auf der richtigen Stelle haben, die wissen das besser."
„Ich habe noch nie gehört, wenn die Puppen sprechen, Tante Lina."
„Du bist wirklich noch sehr dumm, Katinka", antwortete Tante Lina ernst. „Erstens ist es gar nicht sicher, ob dein Fleck wirklich bis zum Ohrläppchen reicht. Zweitens plappern die Puppen natürlich längst nicht so viel wie die kleinen Mädchen. Nur eine einzige Stunde zwischen Sonnenuntergang und Sonnenaufgang ist die Stunde der Puppen. Dann aber erzählen sie sich alles, was ihr Puppenleben schön oder häßlich macht."
„Was mögen sie sich wohl sagen?" fragte Katrin.
„Nun", sagte Tante Lina, „das weiß ich auch nicht. Denn ich habe ja nicht den Puppenstimmenhorchfleck auf der Backe."
„Woher weißt du das denn überhaupt, das mit den Puppen?"
Katrin schaute Tante Lina so an, als ob sie ihr immer noch nicht glaube. Da setzte Tante Lina sich in den alten Schaukelsessel, nahm ihr Strickzeug vom Tisch und begann, die Maschen zu zählen. Katrin wußte, wenn Tante Lina sich in den Schaukelsessel setzte und Maschen zählte, hatte sie keine Zeit mehr, sich mit ihr zu unterhalten.
„Sag mir doch nur noch, wer dir das erzählt hat, das mit dem Puppenstimmenhorchfleck."

„Dreiunddreißig, vierunddreißig, fünfunddreißig", murmelte Tante Lina und fügte halblaut in ihr Gemurmel ein: „Wer wohl? Sechsunddreißig, siebenunddreißig. Katinka, wer wohl? Achtunddreißig, meine alte Großmutter natürlich, neununddreißig, vierzig, die weit weg und mitten im tiefen, einundvierzig, zweiundvierzig, und mitten im tiefen Wald gewohnt hat, dreiundvierzig, vierundvierzig . . ."
Leise schlich Katrin aus der Küche, denn Tante Lina wurde sehr ärgerlich, wenn sie beim Maschenzählen gestört wurde.

Der Fleck muß weg!

In Mutters Küche roch es nach frischer Wäsche. Katrin schlüpfte heimlich in das Kinderzimmer und stellte sich vor die Kommode. Da saßen ihre beiden Puppen.
Es schien Katrin, als ob sie ein wenig lächelten. Wendelin hatte sein Hütchen keck auf dem Ohr, und Karolin klappte mit einem Augenlid. Doch das tat sie stets, wenn auf der Straße ein Lastwagen vorbeirumpelte.
„Könnt ihr wirklich sprechen?" fragte Katrin.
Die Puppen gaben ihr keine Antwort.
„Vielleicht reicht mein Fleck nicht ganz?"
Wieder kramte das Mädchen aus ihrer Tasche den kleinen Spiegel hervor und blickte hinein. Sie

strich die Haare zurück und wendete ihren Kopf so, daß das Ohr zu sehen war. So sehr sie die Augen aber auch verdrehte, sie konnte nicht sicher feststellen, ob der dunkelbraune Mutterfleck wirklich bis ganz an das Ohrläppchen reichte oder ob zwischen Ohrläppchen und Fleck doch noch ein schmaler, weißer Hautstreifen lag.

„Von Sonnenuntergang bis Sonnenaufgang", murmelte sie und blickte aus dem Fenster. Doch die Sonne hatte sich hinter Wolken versteckt und war nicht zu sehen.

Katrin ging zur Mutter in die Küche. Die bügelte und schaute kaum auf.

„Wie lange ist es von Sonnenuntergang bis Sonnenaufgang, Mutter?"

„Die ganze lange Nacht, Kind", antwortete die Mutter.

„Wieviel Stunden sind das?" fragte Katrin.

„Zwölf Stunden sind es, Kind. Aber warum fragst du danach? Habt ihr davon in der Schule bei eurer Lehrerin gehört?"

„Nein, Mutter. Ich dachte an die Stunde der Puppen."

„An die . . . was?"

„An die Stunde der Puppen zwischen Sonnenuntergang und Sonnenaufgang, weil ich doch vielleicht den Puppenstimmenhorchfleck habe." Katrin zeigte auf ihr Muttermal.

Mutter blickte erstaunt von ihrem Bügelbrett auf. „Hat dir Tante Lina wieder Flöhe ins Ohr gesetzt, Kind?"

Katrin schwieg verwirrt. Mutter murmelte vor sich hin: „Wir müssen doch etwas unternehmen. Das Kind wird noch ganz sonderbar."
Es schellte.
Katrin eilte zur Flurtür und öffnete. Sie wurde ganz rot, als sie erkannte, wer da stand.
Schnell rannte sie in die Küche zurück und rief: „Mutter, Mutter, unsere Lehrerin ist da! Frau Kunze ist da, schnell, schnell!"
Mutter stellte das Bügeleisen auf den Untersatz, zog den Stecker aus der Steckdose und wischte sich die Hände an der Schürze ab.
Frau Kunze war schon bis zur Küchentür gekommen. „Ich wollte sie auf einen Sprung besuchen, Frau Peters", sagte sie und reichte der Mutter die Hand.
„Hast du denn ‚Guten Tag' gesagt?" fragte die Mutter ihr Kind.
Da schüttelte auch Katrin der Lehrerin die Hand.
„Hat Katrin ihre Hausarbeiten nicht gemacht, oder ist sie in der Schule frech gewesen?" fragte die Mutter besorgt.
„Nein, nein, Frau Peters", lachte Frau Kunze. „Ich habe andere Sorgen. Vielleicht ist es gut, wenn Katrin nach draußen geht. Ich möchte mit Ihnen allein sprechen."
„Katrin, geh in dein Zimmer", sagte die Mutter.
Katrin schlich hinaus. Ob Frau Kunze sich doch beschweren wollte?
Zwischen der Küche und dem Kinderzimmer gab es eine Tür. Katrins Bett war quer davorgestellt

worden, und niemand konnte den Durchgang benutzen. Dort, wo früher die Klinke gewesen war, befand sich jetzt ein kleines viereckiges Loch. Abends fiel durch dieses Loch stets ein Lichtstrahl von der Küchenlampe in Katrins Zimmer.
Weil Katrin neugierig war, preßte sie ihr Ohr gegen das Loch, um zu lauschen. Was wollte die Lehrerin von Mutter?
Doch sie konnte nur das eine oder andere Wort erhaschen. Sie verstand, daß es um ihren Hexenfleck ging. Frau Kunze meinte: „Katrins Fleck macht mir Sorgen." Und Mutter sagte: „Wir haben auch schon daran gedacht, einen Arzt um Rat zu fragen."
„Der Arzt wird Ihnen sicher gut raten", sagte Frau Kunze, „aber wichtiger ist, daß Katrin mit dem Muttermal zu leben lernt. Viele müssen mit viel schlimmeren Behinderungen fertig werden."
„Wenn ich sieben neue Geschichten wüßte", dachte Katrin. „Dann könnte ich endlich mit den Mädchen spielen."
Aber so sehr Katrin auch überlegte, ihr fiel keine Geschichte ein, die sie nicht den Mädchen schon längst erzählt hatte; und eine Geschichte erfinden, das kam ihr sehr, sehr schwer vor. Da klopfte es an ihre Tür. Katrin hüpfte flink von ihrem Bett hinunter.
Frau Kunze wollte sich verabschieden.
„Gefällt es dir in der Schule?" fragte sie. Katrin nickte heftig.
„Was hast du in der Schule am allerliebsten?"

„Am liebsten habe ich, wenn du Geschichten erzählst", antwortete Katrin.
„Das glaube ich!" Frau Kunze versprach: „Wenn ihr in dieser Woche ganz schön schreibt, dann erzähle ich euch Samstag vom Sterntaler."
Katrin wollte sagen: „Ach, die Geschichte kennen die anderen ja längst!" Sie sagte aber doch: „Au, fein!" Sie begleitete die Lehrerin bis zur Tür.
Mutter war schweigsam. Sie räumte das Bügelzeug weg und machte für Katrin das Abendbrot zurecht. Während das Kind aß, setzte sie sich zu ihr an den Tisch, seufzte ein paarmal, betrachtete Katrins Muttermal und fragte schließlich leise: „Ärgern sie dich oft, weil du den Mutterfleck hast?"
Katrin kaute und nickte.
„Die dummen, bösen Kinder", flüsterte die Mutter. „Aber bald wird alles besser", tröstete sie Katrin und brachte sie ins Bett.

Wenn die Puppen lebendig werden

Mutter war hinausgegangen. Katrin kämpfte gegen den Schlaf. Ständig schaute sie auf ihre Puppen, die in der tiefen Dämmerung steif und leblos auf der Kommode saßen. In der Küche wurde das Licht angeschaltet. Der Lichtstrahl fiel durch das Klinkenloch in der Tür genau auf Wendelins Hütchen. „Die Sonne muß doch längst untergegangen sein", dachte Katrin. Die Stunde der Puppen jedoch ließ

auf sich warten. Schließlich schob sich der Schlaf über Katrins Augen. Zweimal noch riß sie die Augenlider weit auf, doch dann atmete sie tief und war fest eingeschlafen. So fand sie auch der Mond, der gegen zwölf Uhr seine ersten Strahlen in das Kinderzimmer schickte. In der Küche war längst das Licht erloschen, und im ganzen Hause regte sich nur noch eine Maus im Keller.
Der Mond machte wenig später das ganze Zimmer hell. Ob es nun sein gelbes Licht war, oder ob selbst im Schlaf das Kind noch von dem Gedanken an den Mutterfleck gequält wurde, plötzlich jedenfalls wachte Katrin auf.
Es war ihr, als habe sich im Zimmer etwas bewegt.
Sie setzte sich schlaftrunken in ihrem Bett auf.
Schnell hatten sich ihre Augen an das fahle Mondlicht gewöhnt. Sie blickte zur Kommode hinüber.
Was war das? Wo steckte Wendelin?
Auch mit Karolin war irgend etwas nicht so wie sonst. Die Puppe klappte mit beiden Augendeckeln.
„Wendelin?" hauchte Katrin leise.
Da antwortete ihr ein piepsiges, klares Stimmchen: „Wer ruft mich da?"
Katrin wurde von einem warmen Gefühl des Glücks durchströmt. Sie hatte den Fleck an der richtigen Stelle. Sie besaß den wirklichen Puppenstimmenhorchfleck, der bis zum Ohrläppchen reichte und das grobe Menschenohr für die feinen Puppenstimmen öffnete.
„Hast du mich gerufen?" piepste Wendelins Stim-

me wieder. Dabei trat er aus dem Schatten des Schrankes hervor und stand im Mondlicht.
„Ja, Wendelin, ich habe gerufen."
„Wie schön!" Wendelin freute sich. „Endlich bist du in unserer Stunde einmal wach geworden."
„Ja, das ist wahr", kicherte Karolin von der Kommode her. „Du hattest sonst einen Schlaf wie sieben Murmeltiere. Beatrix mit dem einen Bein hat dir sogar einmal die Nase zugehalten, aber du hast so fest geprustet, daß sie erschrocken zurückgesprungen ist."
„Beatrix mit dem einen Bein?" fragte Katrin.
„Ja", antwortete Karolin, „Beatrix, das ist doch Doras Puppe."
„Kommt die denn auch herunter?"
„Aber sicher." Wendelin zeigte auf die Zimmertür. „Paß nur auf, gleich sind sie alle da. Wir treffen

uns immer in deinem Zimmer, weil du hier allein schläfst."

„Wer kommt denn noch?" wollte Katrin wissen.

„Wir sind insgesamt sieben", sagte Wendelin. Karolin zählte sie auf:

„Wendelin und ich, das sind zwei. Ursula von Beate, das sind drei, Bippo, der Bär, und Anna von Ellen, das sind acht."

„Fünf sind das", unterbrach Katrin die Puppe.

Wendelin lachte und sagte: „Karolin kann nur bis drei zählen, mußt du wissen."

Karolin schwieg beleidigt.

„Ich will dir sagen, wer die anderen sind", fuhr Wendelin fort. „Also mit Bippo und Anna sind wir fünf, und dann noch die beiden von Dora und Sigrid. Sie heißen Beatrix und Angelika. Sind es jetzt sieben?" fragte er unsicher.

„Siehst du, er kann selber nicht zählen", lachte Karolin schadenfroh.
„Doch, es sind jetzt sieben", bestätigte Katrin.
Wendelin war stolz. „Da, schau nur auf die Klinke", sagte er. Wirklich, die Klinke bewegte sich, die Tür quietschte ganz leise, und hereinspaziert kamen sie alle, die Wendelin aufgezählt hatte: Angelika, Bippo, Anna, Beatrix und Ursula.
„Guten Abend", zwitscherten ihre Stimmchen durcheinander, und mittendrin brummte Bippo, der tatsächlich eine tiefe Bärenstimme hatte.
Ganz zuletzt wünschte Angelika: „Guten Abend." Ihre Sprache war heiser und leise wie ein Hauch.
„Sie hat ihre Stimme schon fast verloren", flüsterte Wendelin Katrin ins Ohr. „Sigrids Mutter hat Angelika ins Spielregal gesetzt. Die Puppe ist viel zu schade für ein so wüstes Mädchen, hat sie zu Sigrid gesagt. Puppen, mit denen niemand spielen darf, die verlieren zuerst ihre Stimme und endlich auch ihr Leben."
„Das ist aber wirklich wunderschön, daß Katrin endlich einmal wach geworden ist", zirpte Ursula mit ihrem zuckersüßen Stimmchen und raschelte mit ihrem Perlonkleid.
„Sie hat zwei Unterröcke an", erklärte Wendelin leise. „Sie war die freie Auswahl auf der letzten Kirmes. Darauf ist sie sehr stolz, und deshalb spricht sie auch so vornehm."
„Ich freue mich auch", sagte Katrin. „Ich hätte nie geglaubt, daß Puppen so schön sprechen können."
„Seht ihr's!" brummte Bippo. „Ich bin doch stein-

alt. Ich habe es euch immer gesagt. Die Menschenkinder verstehen uns nicht. Als ich jünger war und noch beide Ohren besaß, als ich auch noch keine Falten im Bauch hatte ..." Hier machte Bippo eine kleine Pause, und Wendelin konnte Katrin zuflüstern: „Wenn er auf seine Falten im Bauch zu sprechen kommt, wird er ganz wehleidig."

„Ja, damals", fuhr Bippo nun fort, „damals hat mir in dem Spielzeugladen, in dem ich siebzehn Wochen lang gehockt habe, damals hat mir dort ein rosarotes Porzellansparschwein erzählt, daß nur die Menschen mit dem richtigen Fleck uns auch wirklich verstehen."

„Ich hab' ja den Fleck auf dem richtigen Fleck!" rief Katrin und hielt die Backe so in das Mondlicht, daß alle die dunkle Stelle sehen konnten.

„Das wissen wir", sagte Beatrix mit dem einen Bein. „Deshalb kommen wir ja auch gerade in deinem Zimmer zusammen."

Bippo hüpfte auf Katrins Decke.

„Vielleicht kannst du uns helfen", seufzte er.

„Ich soll euch helfen?"

„Vielleicht, vielleicht", sagte Bippo und wackelte mit seinem Kopf, und die Falten in seinem Bauch sahen noch sorgenvoller aus. Er hätte viel lieber mit seinen echten Wildlederohren gewackelt, aber die hatte Ellens großer Bruder ihm schon vor drei Jahren abgerissen. Und mit Ohren, die gar nicht mehr da sind, kann niemand wackeln.

„Ich möchte mein linkes Bein wiederhaben", klagte Beatrix mit dem einen Bein.

„Ich hätte so gern neue Ohren aus Wildleder und, wenn es ginge, auch einen glatten Bauch“, brummte Bippo.
„Und ich“, zirpte Ursula, „ich möchte gern des Nachts aus meinen zwei Unterröcken heraus und einen richtigen Schlafanzug anziehen oder auch ein Nachthemd mit Rüschen.“
Mit ihrer heiseren Stimme hauchte Angelika: „Ich möchte so gern, daß Sigrid mit mir spielen darf. Dann kann ich auch wieder wie eine Puppe sprechen, richtig sprechen, weißt du.“
Anna saß traurig auf dem Teppich und hielt sich die Augen zu.
„Was ist mit dir, Anna?“ fragte Katrin. „Hast du auch Wünsche?“
„Hab' ich, Kleines, hab' ich.“ Sie blickte Katrin aus ihren wasserblauen Augen an und sagte: „Ich hatte aus meiner Heimat eine schöne Kette mitgebracht. Die trug ich um den Hals. Ich hatte sie von Pietruschka geschenkt bekommen. Ein Anhänger mit einem Stern hing daran. Ein blauer Stern. Der Stern aus dem See.“
„Wo steckt deine Kette jetzt?“ fragte Katrin.
„Irgendeiner aus dem Haus hat sie mir abgenommen und wird sie jetzt selber am Hals tragen.“
„Sie kann nicht mehr lachen“, tuschelte Wendelin Katrin ins Ohr. „Sie hat das Lachen verlernt, seitdem sie ihre Sternenkette nicht mehr hat. Eine Puppe, die nicht mehr lachen kann, das ist eine traurige Puppe, nicht wahr?“
„Ja, das stimmt“, antwortete Katrin. „Mit einer

traurigen Puppe spielt keiner gern. Aber euch beiden fehlt doch hoffentlich nichts?" fragte Katrin und blickte ihre Puppen an. Karolin sprang von der Kommode herab.

„Och", sagte sie und zierte sich ein wenig. „Och", sagte Wendelin und zierte sich auch ein wenig. Da brummte Bippo: „Hast du eine Ahnung! Selbstverständlich haben die beiden auch Wünsche."

„So?" fragte Katrin erstaunt. Eilig überdachte sie das Leben ihrer Puppen. Sicher, sie hatte nicht mehr ganz so oft mit ihnen gespielt, seit sie in die Schule ging. Aber sie ließ die beiden nicht in den Ecken herumliegen, sondern setzte sie stets auf ihren Platz auf der Kommode, sie kämmte Karolin jeden zweiten Tag das Haar und sorgte dafür, daß Wendelins Hütchen immer schön schief auf seinem Ohr saß.

„Also, was ist mit euch?" fragte sie.

„Ich esse so gern Wackelpudding", schwärmte Wendelin und senkte verschämt die Augen.

„Und ich", flüsterte Karolin, „Ich würde so gern mit dir zur Schule gehen, damit ich zählen lerne. Denn wenn ich nur bis drei zählen kann, dann bleibe ich dumm."

„Wie soll ich das denn machen?" rief Katrin. „Die Lehrerin wird schimpfen, wenn ich eine Puppe mitbringe."

„Ich kann ja ganz still in deinem Tornister sitzen", wagte Karolin zaghaft einzuwenden.

„Ja, das geht vielleicht."

Nun saßen alle Puppen vor Katrin auf der Bett-

decke und schauten sie mit ihren gläsernen Augen erwartungsvoll an. Karolin hatte das Klimpern mit den Augendeckeln ganz vergessen.
Katrin war ratlos.
„Ihr denkt, nur ihr allein hättet Sorgen", sagte sie. „Ich habe es auch nicht gut." Sie betastete wieder ihren Hexenfleck. „Kein Mädchen aus dem Haus will mit mir spielen. Immer singen sie das häßliche Lied:

Hexenfleck
Katzendreck
Mäusespeck!
Die Katrin holt der Teufel weg."

„Können wir dir denn gar nicht helfen?" krächzte die heisere Angelika.
„Ach, wie wollt ihr mir helfen? Wenn ich nur sieben neue Geschichten wüßte, dann würden die Kinder wieder mit mir spielen."
„Geschichten?" fragte Bippo.
„Neue Geschichten?" rief Wendelin.
„Richtige Geschichten?" sagte Ursula.
„Kleine Geschichten meinst du?" fragte Anna.
„Was denn sonst? Fragt nicht so dumm", antwortete Beatrix mit dem einen Bein.
„Puppen wissen viele Geschichten", sagte Karolin stolz.
„Wohl sieben?" fragte Katrin.
„Sieben?" Wendelin lachte. „Wir wissen so viele Geschichten, wie es Stare im Kirschbaum gibt, wenn die Kirschen reif sind."

Katrin dachte daran, daß ein riesiger Starenschwarm in Großvaters Garten vor wenigen Wochen den ganzen Kirschbaum leergepickt hatte.
„So viele?" fragte sie ungläubig.
„So viele", nickten alle Puppen ernsthaft.
„Wir werden dir von Zwergen, Elfen und Nixen erzählen", versprach Karolin.
„Ich will versuchen, euch zu helfen", sagte Katrin. „Aber ich bitte euch, fangt an mit euren Geschichten."
„Das geht leider heute nicht mehr", brummte Bippo.
„Warum nicht?"
„Schau mal", antwortete Karolin. „Der Mond ist fast hinter der Mauer verschwunden. Die Stunde der Puppen ist gleich vorbei."
Im Zimmer war es fast finster geworden. „Wie schade", sagte Katrin.
„Morgen kommen wir wieder." Die Stimmen der Puppen wurden so leise, daß Katrin sie kaum noch verstehen konnte. Sie schlichen hinaus. Wendelin und Karolin konnte sie im dunklen Zimmer nur noch als schwarze Schatten auf der Kommode erkennen.
„Gute Nacht", wünschte sie. Doch keine Antwort war mehr zu vernehmen.
Da sank Katrin in ihr Kissen zurück. Der Mond streifte sie mit seinem allerletzten Strahl. Sie hatte die Augen bereits wieder geschlossen, und die Bettdecke hob und senkte sich regelmäßig von ihren tiefen Atemzügen.

Katzenfellohren für einen Bären

Viermal hatte Frau Kunze in der ersten Klasse mahnen müssen: „Katrin! Wo bist du mit deinen Gedanken?“ Und viermal war Katrin so rot geworden, daß ihr Mutterfleck kaum noch zu sehen gewesen war.

Lehrerinnen der ersten Klasse wissen ungefähr alles. Frau Kunze dachte: „Das Kind kann heute gar nicht aufpassen. Vielleicht ist das Muttermal daran schuld?“

Vorsichtig erkundigte sie sich in der Pause bei Katrin: „Fehlt dir etwas?“

„Ja“, antwortete Katrin verlegen.

Frau Kunze machte ihr Mut und sagte: „Mir kannst du es verraten.“

„Mir fehlen zwei wildlederne Ohren.“

„Ohren?“

„Ja, Bippo . . .“ Katrin hätte gewiß alles erzählt. Doch da läutete die Glocke. Die Pause war zu Ende. Die Kinder mußten sich aufstellen. Frau Kunze war wieder für dreißig Kinder da. Dreißig Kinder sind sehr viel. Deshalb blieb für das einzige Kind mit dem Puppenstimmenhorchfleck keine Zeit mehr.

Flink machte Katrin ihre Hausaufgaben. Mutter lobte sie, weil sie den Satz: „Achim geht mit Flocki über den Markt“ so sauber geschrieben hatte.

Da fragte Katrin sie: „Mutter, ist ein Pelz auch Wildleder?“

„Ja, Pelz ist auch eine Art Wildleder."
„Mutter, wolltest du nicht deinen Pelzmantel kürzer machen lassen?"
„Ja, Kind, das muß ich wohl. Er reicht mir ja bis an die Füße."
„Könnten wir nicht heute schon eine kleine Ecke abschneiden?"
Mutter lachte. „Von meinem Pelzmantel willst du ein Stück abschneiden? Kind, wie stellst du dir das vor? Das muß doch der Kürschner machen, der die Pelze schneiden und nähen kann."
„Ich brauche aber ein Stückchen Pelz oder Wildleder."
„Wozu denn? Willst du für Karolin ein neues Täschchen nähen?"
„Nein, Mutter. Ellens Bär Bippo möchte so gern wieder Ohren haben."
„Dafür laß Ellen nur selber sorgen", antwortete Mutter. „Was geht uns Ellens alter Bär an?"
„Ja, Bippo . . ." Auch der Mutter hätte Katrin gern alles erzählt, doch Mütter müssen putzen, waschen, kochen, bügeln, einkochen, einkaufen, nähen, flicken, stopfen, stricken, spülen und noch zweiundzwanzig andere Arbeiten verrichten. So kam es, daß selbst für das einzige Kind mit dem Puppenstimmenhorchfleck keine Zeit mehr blieb.
„Wie gut, daß ich Tante Lina habe", dachte Katrin. Sie stieg die beiden Treppen hinab und schellte. Es dauerte eine Weile, bis Tante Lina ihr Strickzeug beiseite gelegt hatte und zur Tür gekommen war.

„Ach, du bist es", sagte sie. „Du willst sicher noch ein Bratbonbon?"
„Nein", antwortete Katrin, überlegte es sich aber doch anders. Sie spürte, wie ihr das Wasser im Munde zusammenlief. „Ja", sagte sie also.
„Was nun? Erst nein, dann ja?"
„Bitte, gib mir ein Bonbon. Aber ich brauche noch etwas anderes."
„So?"
Sie waren inzwischen in Tante Linas Küche gegangen. Gerade wollte Tante Lina wieder zu ihrem Strickzeug greifen, da sagte Katrin: „Heute in der Nacht bin ich nämlich wachgeworden und habe die Puppenstimmen gehört."
Da ließ Tante Lina ihr Strickzeug liegen. Sie merkte ganz genau, daß Katrin jemanden brauchte, der für sie ein wenig Zeit übrig hatte.
„Sie haben mir viel erzählt. Ellens Bär will zwei neue Ohren haben, und die Falten in seinem Bauch, die machen ihn ganz traurig. Er wünscht sich einen glatten Bauch."
„Ich könnte dir ja zeigen, wie man zwei Ohren häkeln kann", schlug Tante Lina vor.
„Ach, Tante, häkeln will ich nicht. Die Ohren sollen auch aus Wildleder sein, oder aus Pelz."
„Ich muß schon sagen", murmelte Tante Lina, „Bippo ist ein ganz vornehmer Bär."
Sie stand auf und öffnete den Schrank. Dort stand hinter den Glasscheiben eine Kaffeekanne, die mit silbernen Ringen und Blumen verziert war. Tante Lina hob sie heraus und holte einen Schlüssel dar-

aus hervor. Damit schloß sie die braune Kiste auf, die neben dem Herd in der Ecke stand.

„Wildleder, Wildleder", knurrte sie. Zuerst nahm sie eine abgegriffene Handtasche aus der Kiste, hielt sie prüfend ins Licht und sagte schließlich zu Katrin: „Fühl einmal, Katinka." Katrin fand, daß das Leder wunderbar weich war. „Nappaleder", erklärte Tante Lina. „Die Tasche hat mir mein Vater aus London mitgebracht. Er war Seemann." Katrin sah ein, daß von so einem schönen Andenken nichts abgeschnitten werden konnte. Die Tasche versank wieder in der tiefen Kiste. Jetzt kramte Tante Lina einen Beutel hervor. Ganz gewiß war es ein Lederbeutel.

„Das ist ein Tabaksbeutel. Mein Großvater hat ihn vom Kaiser geschenkt bekommen, als er bei den Soldaten diente."

Katrin wußte genau, daß ein Kaisertabaksbeutel nicht in Bärenohren verwandelt werden konnte.

„Haben alle Soldaten Tabaksbeutel vom Kaiser bekommen?" fragte sie.

„Natürlich nicht", antwortete Tante Lina. „Aber mein Großvater hat beim Herbstmanöver den Kaiser durch einen Bach getragen, damit die glänzenden kaiserlichen Stiefel nicht schmutzig wurden."

„Ich meine, ein Kaiser hat ein Pferd, Tante Lina?"

„Gewiß, Kind, gewiß", antwortete Tante Lina, und zum ersten Male kam ihr der Gedanke, daß ihr Großvater nicht den Kaiser, sondern sie selbst auf den Arm genommen haben könnte.

Selbst nach so vielen Jahren wurde sie noch ärgerlich. „Zuzutrauen ist das dem Schlingel", brummte sie und versenkte den Beutel aufseufzend wieder in der Kiste.
Lange kramte sie. Knurrige Töne stiegen aus der Kiste empor. Schließlich schien sie auf dem Grund angelangt zu sein, denn sie beugte sich so tief in die geheimnisvolle Schatztruhe, daß Katrin nur noch Rock und Beine sehen konnte. Die schwarze Bluse war Tante Lina ein wenig am Rücken hochgerutscht. Plötzlich erstarrte Katrin. Was war das, was da zwischen Rock und Bluse sichtbar wurde? Rot und haarig quoll es aus dem Spalt hervor.
Hatte Sigrid recht, die immer behauptete, Tante Lina sei eine alte Hexe? Hatte Tante Lina wirklich eine haarige Hexenhaut?
Da verschwand der schmale, rotbehaarte Spalt wieder. Tante Lina richtete sich auf, klappte den Deckel der Kiste zu, drehte den Schlüssel und verbarg ihn wieder in der Kaffeekanne.
„Ich kann dir nicht helfen, Kind", sagte sie. Die Reise in die Kiste mit all den vielen Erinnerungen an ihre Jugendzeit, an ihren Vater und ihren Großvater, schien Tante Lina mürrisch gemacht zu haben.
„Tante Lina?"
„Was gibt es nun schon wieder? Du hast es doch gesehen, ich habe weder Pelz noch Wildleder. Dein Bippo wird sich wohl mit gehäkelten Ohren zufriedengeben müssen."
Doch im Augenblick hatte Katrin ganz etwas an-

deres im Kopf. Sie dachte gar nicht an Bippos Ohren.

„Tante Lina", fragte sie, „bist du wirklich eine alte Hexe?"

Tante Linas Mund klappte einen winzigen Augenblick auf, so verblüfft war sie über Katrins Frage.

„Wie meinst du das, Kind?" fragte sie, und ihre Stimme klang ein wenig bissig.

Katrin zog sich vorsichtig bis zur Küchentür zurück und sagte: „Ich meine, weil du doch eine ganz haarige Hexenhaut auf dem Rücken hast."

„Haarige Hexenhaut?"

Tante Linas Hand fuhr unwillkürlich in die Rükkengegend. Plötzlich wurde ihr Mund breit.

Sie lachte erst lautlos, dann aber schallend, wie sie seit Jahren nicht mehr gelacht hatte. Die Tränen kullerten ihr vor Lachen hinter der Brille hervor und liefen ihr die runzeligen Backen hinunter. Der Schaukelsessel wackelte. Da mußte auch Katrin lachen, denn Lachen steckt ja bekanntlich an.

Ritsch, ratsch, zog die Tante schließlich etwas zwischen Rock und Bluse hervor. „Das ist ein Katzenfell, Katinka, ein rotes, warmes Katzenfell", stieß sie hervor und wischte sich mit einem weißen Spitzentaschentuch die Lachtränen ab.

„Ein Katzenfell?" fragte Katrin. Schon wollte ihr das Lachen endgültig vergehen, da nahm Tante Lina die Hand des Kindes, legte sie in das weiche Fell und sagte: „Na, was spürst du?"

„Das ist weich und warm", antwortete Katrin.

„Siehst du, und deshalb legen alte Frauen wie ich sich manchmal solch ein Fell in den Rücken. Denn Katzenfellwärme treibt das Reißen aus den Gliedern!" Sie strich das Fell glatt. Deutlich waren die vier Fellzipfel zu erkennen, die einst die Beine der Katze bekleidet hatten.

Plötzlich stutzte Tante Lina. Sie nahm die Schere aus der Schublade, schnitt – schnick, schnack – zwei kleine, dreieckige Zipfel von dem Katzenfell ab und sagte: „Da hast du auch die Ohren für deinen Bippo." Katrin war glücklich.

Als sie Ellen später wieder mit Sigrid, Dora und Beate zum Spielplatz laufen sah, klopfte sie im Erdgeschoß bei Frau Karlowski und fragte, ob sie nicht ein wenig mit Ellens Bär spielen dürfe. Sie bekam ihn.

Gemeinsam mit Tante Lina stichelte sie die beiden Ohren an den richtigen Platz, ja, Tante Lina trennte sogar vorsichtig auf Bippos Rücken eine feine Naht auf, stopfte Wollreste in Bippos Bärenbauch und zog den Bärenpelz stramm wie ein Trommelfell, bevor sie die Naht fein säuberlich mit winzigen Hexenstichen wieder vernähte. Alle Bauchfalten waren verschwunden.

Kurz nach dem Abendessen sprang Ellen die Treppen herauf und fragte: „Katrin, hast du den Bären wieder so schön zurechtgeflickt?"

Katrin nickte.

„Er gefällt mir sehr gut", sagte Ellen. Da flüsterte Katrin: „Morgen, Ellen, erzähle ich die erste Geschichte!"

„Fein", sagte Ellen. Eine Weile schwieg sie und fügte dann hinzu: „Es kann ruhig Rotkäppchen oder Rumpelstilzchen sein, wir hören dir bestimmt gut zu."
„Eine ganz neue Geschichte wird es sein", versprach Katrin. Ganz leise flüsterte sie: „Aber nur, wenn ich die Stunde der Puppen heute nacht nicht verschlafe."

Die Montaggeschichte: Der Bär, der seine Stimme verlor

Vielleicht hätte Katrin wirklich die Stunde der Puppen verschlafen, denn der Tag war lang und anstrengend gewesen: zuerst die Schulstunden; dann die sauber geschriebenen Hausarbeiten; die Aufregung mit dem roten Katzenfell; das Nähen und Stopfen mit Tante Lina und endlich noch die Freude, daß Ellen gut zu ihr gewesen war. Und das weiß ja wohl jeder: Wer viel Arbeit und viel Freude hat, zu dem kommt der feste Schlaf von selbst. Wendelin sorgte dafür, daß Katrin zur rechten Zeit erwachte. Kaum hatte der Mond seinen ersten, dünnen Strahl ins Zimmer geschickt, da krabbelte er, noch ein wenig steif in den Beinen, auf Katrins Kopfkissen und kitzelte sie mit der buschigen Hutfeder unter der Nase. Dreimal mußte Katrin niesen, aber dann war sie hellwach und wußte gleich, was die Glocke geschlagen hatte.

„Sind die anderen noch nicht da?" fragte sie.
„Wo denkst du hin", antwortete Wendelin. Weil die Stunde der Puppen erst eine einzige Minute alt war, wisperte seine Stimme so leise wie ein Sommerwind.
„Na, ihr werdet staunen, wenn ihr Bippo seht", dachte Katrin, doch sie ließ sich nichts anmerken. Da hörten sie ein Kratzen an der Zimmertür. Schwupp, flog sie auf, viel schneller als gestern, und herein tanzte Bippo, strich sich über den glatten Bauch und zupfte einmal am rechten und einmal am linken Ohr wie an den Saiten einer Gitarre. Dazu sang er übermütig:

„Der Bärenbauch muß glatt sein.
Der Bärenbauch muß satt sein.
Denn wenn am Bauch die Läuse zwacken,
dann kann der Bär die Läuse knacken.
Dideldumdei,
dideldumdei!
Zwei Ohren, die sind auch dabei."

Die Puppen hatten den Bären schon lange nicht mehr in so fröhlicher Laune gesehen. Die vornehme Ursula klatschte vor Freude in die Hände, Beatrix mit dem einen Bein versuchte sogar ein Tänzchen. Doch das fiel nicht sehr kunstvoll aus. Wie sollte sie auch auf einem Bein tanzen können? „Dabei war sie früher eine berühmte Tänzerin", flüsterte Wendelin Katrin ins Ohr. „Sie konnte, ohne müde zu werden, von einer bis zur anderen Nacht auf den Zehenspitzen stehen."

„Beatrix, vielleicht kann ich dir auch bald helfen", versuchte Katrin sie zu trösten. Dann aber wandte sie sich ungeduldig an Bippo und sagte: „Aber nun erzähle mir eine neue Geschichte. Du hast es versprochen."
„Wird gemacht", rief Bippo und sprang zu Katrin auf die Bettdecke.
Angelika schwatzte mit Ursula, doch Anna fuhr dazwischen und sagte: „Still! Was versprochen ist, ist versprochen. Bippo soll erzählen."
Da hockten sie sich alle nieder. Ursula kreuzte die Beine, wie sie es einmal bei einer großen Kirmesdame gesehen hatte. Wendelin legte höflich seinen Hut mit der Feder in den Schoß. Karolin verschränkte die Arme unter dem Kopf, und die schöne Angelika biß an den Fingernägeln.
„Ich will euch erzählen", begann Bippo, „wie der Bär Bruno das Brummen verloren und wieder zurückgewonnen hat."
Angelika hörte auf, die Nägel zu beißen, weil sie dachte: „Vielleicht kannst du vom Bären Bruno etwas lernen."

„Ihr wißt, daß die Bären alle eine wunderschöne Brummstimme haben. Der Bärenvater Bruno war eines Tages mit der Bärenfamilie ganz tief in den Wald gegangen. Allen voraus lief das kleine Bärenkind. Bruno hatte ihm den Namen Herzchen gegeben. Nicht etwa, weil Herzchen ihm so lieb war wie sein eigenes Herz, sondern weil Herzchen einen leuchtend weißen Fleck im Pelz genau über

dem Herzen hatte. Auf diesen Fleck war Bruno, der Bärenvater, sehr stolz, denn man sagt, daß Bären mit dem weißen Herzfleck ganz besonders tapfer sind. Herzchen war klein und ein bißchen verwöhnt. Er glaubte, er könne sich alles erlauben. Er entfernte sich von der Bärenfamilie und lief immer weiter in den Wald hinein. Mutter Bär hatte schon dreimal laut gebrummt, und Bruno, der Vater Bär, wollte gerade zu schimpfen anfangen und dem kleinen, ungehorsamen Burschen eine Ohrfeige mit der Pranke anbieten, da hörten sie Herzchen plötzlich ängstlich schreien und heulen. Eilends brachen sie durch Busch und Strauch und fanden das Bärenkind. Doch welch ein Schreck, Herzchen hatte sich die Hinterpfote in einem gespaltenen Baum festgeklemmt. Bruno zog und zerrte sich die Pranke blutig. Mutter Bär versuchte es mit den Zähnen so heftig, bis es knackte und ihr schönster, schärfster Beißzahn abgebrochen war. Herzchen selber wimmerte und klagte und versprach, daß er das folgsamste Bärenkind auf der ganzen Welt werden wollte, wenn er nur erst wieder aus dieser schrecklichen Falle heraus sei.
Als sie erschöpft eine kleine Atempause einlegten, da hörten sie ein hämisches Kichern.
‚Wer lacht über unser Unglück?' brummte Bruno.
‚Ich bin's!'
Bruno sah auf dem Baumstumpf ein klitzekleines Männchen sitzen, kaum länger als ein Bärenschwanz.
‚Du wirst dein Kind niemals aus dieser Falle be-

freien können', kicherte das Männchen. ,Das kann nur ich!'

,Dann tu das doch uns zuliebe', bat Bruno und legte die beiden Tatzen gegeneinander.

,Hihi, umsonst ist der Tod. Umsonst rege ich nicht einmal meinen kleinen Finger.'

,Was sollen wir dir denn geben, du kleiner Kerl?' fragte Mutter Bär.

,Nun, ich wüßte schon etwas, was ihr mir geben könntet. Rate mal, was es ist.'

,Wir könnten dich auf unserem Rücken reiten lassen, und du kämst weit durch die Welt', sagte Bruno.

,Was soll ich in der weiten Welt? Mein Wald ist mir groß genug', antwortete das Männchen und schlug mit der Hand in den Wind.

,Ich könnte mir die weichen weißen Haare von der Brust reißen, und du ließest dir aus der Wolle einen prächtigen, warmen Mantel weben', bot Herzchen an.

,In meiner Zwergenhöhle ist es ohnedies warm genug. Was soll ich mit einem Bärenwollmantel? Ich will ja nicht schwitzen wie ein Bär!' antwortete das Männchen und schlug mit der Hand in den Wind.

,Ich könnte dir mit all meiner Kraft helfen, wenn du einmal von Feinden bedrängt wirst', sagte die Bärenmutter und hieb zum Zeichen ihrer Stärke mit der Pranke gegen einen jungen Baumstamm, so daß er gleich in der Mitte entzweisplitterte.

,Hihi', lachte das Männchen, ,was dich deine

Stärke nützt, das siehst du ja. Befreie doch dein Kind, wenn du kannst. Nein, nein, nein! Es muß ganz etwas anderes sein.'

,Nun sag es uns schon, du garstiger Zwerg', brummte Bruno, ,und wenn es meine rechte Tatze sein soll, so will ich sie für mein Kind wohl hingeben.'

,Nicht deine Tatze', antwortete das Männchen, ,sondern deine Brummstimme will ich haben!' Es setzte beschämt hinzu: ,Meine Zwergenbraut neckt mich nämlich wegen meiner hohen Fistel-

stimme und will mich nur heiraten, wenn ich eine schöne, tiefe Stimme vorweisen kann.'
‚Meine Stimme?' fragte der Bär erstaunt. ‚Wie kann denn einer seine Stimme verschenken?'
‚Das ist ganz einfach. In deinem Hals ist eine kleine, kugelrunde Kammer. Fühl nur, jeder kann sie spüren. Darin sitzt die Stimme. Laß mich mit meinem dünnen Zwergenarm hineinfahren und die Stimme herausholen. Dann will ich dein Kind freilassen.'
Zwar versuchte Bruno noch über eine Stunde lang, sein Kind aus eigener Kraft zu befreien, aber es wollte ihm nicht gelingen. Die Falle war zu kunstvoll. Schließlich blieb ihm nichts anderes übrig, er öffnete sein großes Maul und ließ den Zwerg in die Stimmkammer greifen.
Schwuppdiwupp, hatte der die Stimme hervorgeholt. Mit zwei Fingern steckte er sie in seinen Mund und schluckte, daß sein Gesicht puterrot wurde.
‚So', brummte er mit einer kräftigen, wunderschönen Baßstimme, ‚jetzt will ich den kleinen Bären befreien.'
Er nahm seinen silbernen Zwergenhammer und schlug in den Baumstamm lauter kleine Holzkeile ein. Wohl an die hundert mochten es sein, bis sich endlich die Spalte vergrößerte. Als er schließlich hundertdreiunddreißig Keile eingetrieben hatte, konnte Herzchen sein Hinterbein herausziehen. Er leckte den Schmerz weg, Bruno und die Bärenmutter halfen ihm dabei. Ehe sie sich umgeschaut

hatten, war der Zwerg verschwunden. Tief aus dem Berg tönte mit Brunos Stimme Zwergengesang.
Gewiß, Bruno war froh, daß Herzchen gerettet worden war, aber er war zugleich tief bestürzt. Er konnte keinen einzigen Brummlaut mehr von sich geben. Und ein Bär, der nicht mehr brummen kann, das ist nur ein halber Bär.
Auch Herzchen war bedrückt, weil sein Vater die schöne Stimme hingegeben hatte. Er verlor allen Übermut und mochte nicht mehr fröhlich sein. Bei einem traurigen Bärenmann und einem traurigen Bärenkind konnte es gar nicht anders sein, auch die Bärenmutter wurde traurig. Alle drei saßen sie eines Nachmittags todtraurig im Grase. Da kam eine Biene ermattet dahergeflogen, setzte sich dem Bärenkind auf die Tatze und putzte sich die Flügel.
‚Was seid ihr so still und trübsinnig?' fragte sie. Herzchen erzählte sein ganzes Leid.
‚Tja', sagte die Biene, ‚ich habe auch meinen Kummer. Ich bin nämlich von einem Sturmwind meilenweit von meinem Bienenstock weggeblasen worden und kann nicht mehr nach Hause finden.'
Eine Weile dachten sie über die große Traurigkeit nach, die in der ganzen Welt herrschte. Plötzlich machte die Biene einen lustigen Sprung und rief: ‚Ich hab's! Ich glaube, uns allen kann geholfen werden.'
‚Wie denn?' fragten die Bären.

‚Ihr könntet mich in meinen Stock zurücktragen', sagte die Biene.
‚Das ist für uns nicht schwer', antwortete die Bärenmutter, ‚aber wie willst du uns behilflich sein?'
‚Laß mich nur machen', sagte die Biene zuversichtlich. Sie sprang Bruno auf die Nase und sagte: ‚Sperr du dein Maul auf.'
Der tat's.
Summ, flog die Biene ihm in die Stimmkammer. Dort versuchte sie zu sprechen. Es klang tatsächlich genauso, als ob Bruno nie seine Stimme verloren hätte.
‚Nun tu so, wie ich es dir sage', befahl die Biene. ‚Lauf, so schnell du kannst, zu dem Zwergenmännchen und stell dich vor seine Höhle!'
Dort angekommen, rief die Biene: ‚Zwerg, komm heraus!'
Der Zwerg staunte und kletterte aus seiner Spalte. Er fragte: ‚Hast du deine Stimme wiedergefunden, Meister Petz?'
‚Ganz gewiß', antwortete die Biene. ‚Du selbst aber piepst ja wie eine Maus.'
Mißtrauisch sagte der Zwerg: ‚I, i, i, a, a, a, o, o, o', und horchte. Es schien ihm so schön und tief zu klingen wie immer, seit er sich die Bärenstimme ergaunert hatte.
‚Hörst du es? Du zirpst wie eine Grille', sagte die Biene.
‚Ich glaube', antwortete der Zwerg, ‚du willst mich belügen.'

‚Du kannst dich ja selbst überzeugen', sagte die Biene mit ihrem tiefsten Gebrumm.
‚Wie soll ich prüfen können, ob meine Ohren mich täuschen?' fragte der Zwerg.
‚Ganz einfach', sagte die Biene. ‚Du nimmst die Stimme aus deinem Hals, setzt sie in meine Stimmkammer und holst dir dafür meine Stimme heraus und setzt sie zu dir in den Hals. Dann wirst du es ja merken.'
Der Zwerg dachte: ‚Nun, das kann ja nicht fehlgehen. Schließlich ist es auch gleich, ob ich diese oder jene tiefe Stimme habe.' Er ergriff die Bärenstimme in seinem Hals, schob sie dem Bären Bruno wieder in die Stimmkammer zurück und suchte nach der anderen Stimme. Da stach die Biene den Zwerg ganz tief in den Finger.
‚Au! Au! Betrug!' schrie der Wicht mit hoher Fistelstimme.
‚Ei was, Betrug?' rief die Biene. ‚Nimm mich doch in deinen Hals, ich werde dich dort schön zerstechen.'
Wütend fuhr der Zwerg in seine Höhle zurück. Bruno aber lief zwölf Tage und zwölf Nächte, bis er den Bienenstock gefunden hatte, in dem die kleine Biene zu Hause war, die ihm seine Stimme wiedergeschenkt hatte."
„Ach", seufzte Angelika, „wenn Sigrid doch mit mir spielen dürfte, dann bekäme ich auch meine schöne Stimme wieder!"
„Wirklich, eine herrliche neue Geschichte", jubelte Katrin.

„Sie hat lange gedauert, schnell, schnell, wir haben die Zeit vergessen! In einer Minute ist die Stunde der Puppen vorbei!" rief Anna. Huschhusch, waren die Puppen verschwunden, und Katrin hatte nicht einmal Zeit gefunden, „Auf Wiedersehen" zu sagen.

Kann Karolin nur bis drei zählen?

„Guten Morgen, Katrin", sagte Mutter.
„Guten Morgen." Katrins Stimme klang verschlafen.
„Na, du hast in der letzten Zeit einen gesunden Schlaf", neckte Mutter das Kind.
„Naja", antwortete Katrin, „wenn mich nachts die Puppen nötig haben."
„Kind, Kind", lachte Mutter, „du bist ja ganz verrückt mit deinen Puppen."
Sie setzte sich auf Katrins Bettrand und sagte: „Hör zu, Katrin. Ich fahre heute mit Vater und bleibe den ganzen Tag fort. Dein Mittagessen steht fertig im Kühlfach. Du brauchst den Topf um halb zwölf nur herauszunehmen und auf der kleinen Elektroplatte zu wärmen. Das Frühstücksbrot steht auf dem Tisch, und für das Abendbrot kann ich wieder sorgen."
„Wo fährst du denn hin, Mutter?"
„Ich habe in der Innenstadt allerlei zu besorgen. Vor allem will ich mit Dr. Hasenkötter sprechen."

„Du bist doch nicht krank, Mutter?"
„Nein, Kind. Es geht nicht um mich. Dr. Hasenkötter kann Muttermale wegmachen. Deshalb will ich zu ihm."
„Mein Muttermal soll weg?"
„Das weiß ich noch nicht ganz genau. Ich will darüber mit dem Herrn Doktor reden." Als Katrin nachdenklich dreinschaute, fragte sie: „Du freust dich doch, wenn der Hexenfleck endlich verschwindet, oder?"
Katrin dachte daran, wie oft sie wegen des Flecks beschimpft worden war, und antwortete: „Ja, Mutter, ich bin froh, wenn er weg ist. Aber ganz schnell brauche ich doch wohl nicht zum Arzt?"
„Ich denke, er wird es in den kleinen Ferien machen. Wenn es überhaupt möglich ist."
„In den kleinen Ferien, gut. Bis dahin habe ich bestimmt allen Puppen geholfen." Katrin atmete auf. Die Mutter schüttelte den Kopf, lachte aber dann und sagte: „Sei ein braves Kind, schließ die Tür gut zu, verlier den Schlüssel nicht, schalte den Elektroherd ab, dreh den Wasserhahn gut zu, bring keine fremden Kinder in die Wohnung, öffne nicht, wenn es schellt, und geh zu Tante Lina, wenn irgend etwas los ist, womit du nicht fertig wirst." Sie sagte noch ein paar Dinge mehr und machte es so, wie alle Mütter es machen, wenn sie für ein paar Stunden fort sind.
Katrin sagte zu jeder Mahnung: „Ja, Mutter. Gewiß Mutter. Ich denke dran, Mutter. Ganz bestimmt, Mutter. Du kannst dich darauf verlassen."

Der Vater drückte ihr noch einen Kuß auf die Stirn und drängte dann ungeduldig, weil er nicht zu spät zur Arbeit kommen wollte.
Endlich klappte die Flurtür ins Schloß. Katrin zog sich an und wusch sich mit drei Tropfen Wasser. Die Seife sparte sie. Sie kämmte sich und ließ sich das Marmeladenbrötchen zum Frühstück schmekken.
„Heute ist ein guter Tag, Karolin mit in die Schule zu nehmen", dachte Katrin. Sie packte die Puppe ein. Karolins rechtes Bein drängte sich immer aus dem Ranzen heraus.
Bei Tante Lina gab sie den Schlüssel ab und machte sich auf den Schulweg.
Frau Kunze sagte: „Kinder, nehmt eure Hefte heraus. Ich will das Schreiben sehen."
Katrin gelang es, das Heft herauszunehmen, ohne auch nur ein Zipfelchen von Karolin zu zeigen. Katrins Schreiben war verwischt.
„Wie kommt das, Katrin?" fragte die Lehrerin streng. Sie hatte eine Falte in der Stirn. Das bedeutete nichts Gutes.
„Ich glaube, Karolin hat das gemacht", sagte Katrin leise.
„So, die Karolin. Ist das ein Mädchen aus euerm Haus?"
„Nein, das ist meine Puppe", antwortete Katrin und wurde ein wenig rot.
„Die Puppe hat es gemacht, die Puppe hat es gemacht", flüsterten die Kinder rundum und lachten über die dumme Katrin.

„Ich habe sie nämlich in meinem Ranzen", erklärte Katrin.
„Das ist ja noch schöner! Jetzt bringst du die Puppe sogar mit in die Schule! Nimm sie und stell sie vorn auf das Pult."
Die Lehrerin schaute Katrin streng an und sagte: „Du hast lauter Flausen im Kopf."
Später tat es ihr leid, daß sie Katrin so hart angefahren hatte. Sie nahm die Puppe in die Hand und sagte: „Seht her, Kinder, Katrins Puppe Karolin ist wirklich eine sehr schöne Puppe mit echten Haaren."
„Nur ein bißchen dumm ist sie, Frau Kunze", sagte Katrin. „Deshalb wollte sie ja auch zur Schule."
„Woher weißt du, daß deine Puppe dumm ist?"
„Nun, sie hat es mir selbst gesagt. Sie kann nur bis drei zählen und möchte es gern besser lernen."
„Warum sollen wir der Karolin nicht einmal etwas vorrechnen?" fragte die Lehrerin. „Wer fängt an?"
„Zwei ist die Hälfte von vier", wußte Fred.
„Zwei und zwei ist auch vier."
„Drei und eins auch."
„Zwei und drei ist fünf."
Da meldete sich sogar der kleine Paul, der bislang überhaupt noch nicht mitgerechnet hatte, und sagte: „Elf und vier ist fünfzehn!"
„Halt", sagte die Lehrerin, „das ist zu schwer für Karolin. Sie soll das Zählen lernen. Wir zählen in Zweierschritten bis zehn."

So ging es fort und fort. Die Kinder der ersten Klasse rechneten mit Karolin, daß sie ganz rote Backen bekamen. Als die Glocke zur großen Pause schellte, da schrien alle: „Wie schade!"
Nach der Pause schrieben sie das Sätzchen ins Heft: „Katrins Puppe heißt Karolin." Wer es ganz schön gemacht hatte, der durfte die Puppe malen. Kurzum, als um elf die Schule aus war, da sagte Frau Kunze:
„Es war doch ganz gut, daß Katrin ihre Puppe mit zur Schule gebracht hat. Aber ob sie das Zählen gelernt hat?"
„Sie kann es ja heute nacht in der Stunde der Puppen versuchen", sagte Katrin.
„Ja, Kind, vielleicht tut sie das." Aber die Lehrerin lachte dabei so, wie die Erwachsenen mit Kindern lachen, wenn sie meinen, sie wüßten doch alles besser.
Nach dem Mittagessen – der Kühlschrank war gut verschlossen, der Elektroherd war ausgeschaltet, das Geschirr stand sauber im Schrank – kramte Katrin im Küchenschrank bei den Vorräten nach einem kleinen Schächtelchen. Sie fand bald, was sie suchte. Ein wunderschöner, grüner, glasklarer Pudding war daraufgemalt. „Wackelpeter" stand da in dicker, weißer Schrift zu lesen. An dem anderen Wort buchstabierte Katrin lange vergeblich herum.
„Wa – Wal . . . Aha, Walnußpudding vielleicht. Nein Wald . . . Jetzt hab' ich's: Waldbeerpudding. Doch weiter, Waldmeis . . . Waldmeise? Es wird

doch kein Vogelfutter in der Schachtel sein? Aufgemacht! Nein. Also weiterlesen! Waldmeistergesch ... Was ist das nun wieder? Waldmeistergeschmack! Aha! Das ist Wackelpudding mit Waldmeistergeschmack. Wie wohl ein Waldmeister schmeckt? Ob Wendelin dafür zu haben ist?"

Sie drehte die Schachtel um. Da bekam sie einen Schreck. Die ganze Rückseite war eng mit klitzekleiner Schrift bedeckt.

„Das kann ich nicht lesen", sagte sie. „Aber vielleicht steht nur darin, wie Wackelpudding gekocht wird. Wie wird er denn eigentlich gekocht? Kommt Milch dazu oder Quark? Nein, eher Wasser. Heiß oder kalt? Viel oder wenig? Ich glaube, ich muß doch zu Tante Lina gehen. Das hat die Mutter ja auch gesagt: ‚Kind, wenn irgend etwas kommt, womit du nicht fertig wirst, dann geh zu Tante Lina.'"

Aber diesmal konnte Tante Lina nicht helfen. Sie hatte ihre Lesebrille verlegt. Ohne Brille war Tante Lina blind wie ein Huhn um Mitternacht.

„Warum soll ich dir das eigentlich vorlesen?" fragte sie.

„Damit ich weiß, wie Wackelpudding gekocht wird."

„Das weiß man doch so, dummes Ding", sagte Tante Lina. „Schau her!" Sie nahm heißes Wasser aus dem großen Kessel, eine ganze Glasschüssel voll, verrührte das grüne Pulver darin und stellte die Brühe auf den Tisch.

„Fertig", sagte sie.

„Das ist ja wasserdünn!" wandte Katrin ein.
„Sechs Stunden warten, Katinka. Sechs Stunden braucht dieses grüne Wasser, bis es steif ist."
„Ich danke dir, Tante Lina."
Vorsichtig trug sie die Glasschüssel in ihr Zimmer und stellte sie neben Wendelin auf die Kommode. Sie schaute zum Fenster hinaus.
Da saßen die Mädchen in der Hofecke und warfen sich den Ball zu. Ellen hatte Bippo unter den Arm geschoben. Seit er wieder so stattlich aussah, trennte sie sich nur ungern von ihm und nahm ihn sogar mit ins Bett.
Katrin lief in den Hof. Ohne Scheu ging sie zu den Mädchen und sagte: „Hört zu! Hier ist die erste Geschichte!"
„Wohl wieder Rotkäppchen oder Rumpelstilzchen?" keifte Sigrid.
„Sei still! Laß Katrin erzählen", sagte Ellen bestimmt.
Sigrid schaute sie verwundert an. Da begann Katrin, und als sie endlich sagte: „Das war die erste Geschichte", da waren Ellen und Dora und Beate begeistert.
Nur Sigrid sagte: „Lauter Lügerei!"
Am Abend brachte Mutter gute Nachricht von Dr. Hasenkötter mit. „Katrin, du sollst in den kleinen Ferien gleich am ersten Tag kommen. Dr. Hasenkötter will sich dein Muttermal ansehen. Vielleicht kann er es wegmachen. Du brauchst nicht lange im Krankenhaus zu bleiben. Nach ein paar Tagen kann Mutter dich wieder mit nach Hause

nehmen. Deine Patentante hat mir gesagt: Wenn alles vorüber ist, dann darf sich die Katrin etwas wünschen."

„Fein, Mutter. Ich wünsche mir ein rosarotes Kleid. Es muß so aussehen wie das Puppenkleid von Ursula."

Den grünen Wackelpeter hatte Katrin ganz vergessen. Mutter sah ihn erst, als sie Katrin ins Bett brachte. „Wo kommt der denn her?" fragte sie.

„Tante Lina hat ihn für mich gekocht."

„Ich dachte immer, du möchtest den Wackelpudding gar nicht gern?"

„Er ist ja für Wendelin, Mutter. Der ißt ihn lieber als alles andere."

Die Dienstaggeschichte: Karolin und Wendelin wollen nicht zur alten Tante

Als Katrin in dieser Nacht wach wurde, hörte sie gleich Karolins Stimme: „Eins, zwei, drei, vier", und so zählte sie fort bis zehn. Katrin wollte schon „bravo" rufen, da forderte Wendelin sie auf: „Noch einmal von vorn, Schwesterherz." Karolin zählte folgsam. Da sah Katrin im Mondlicht Wendelin tief über die Wackelpuddingschüssel gebeugt. Bei jeder Zahl aß er einen gehäuften Puppenlöffel voll Wackelpudding mit Waldmeistergeschmack.

Karolin zählte zum vierten Male bis zehn, da seufzte Wendelin zufrieden und schmatzte.
„Jetzt muß ich Katrin wecken", sagte er.
„Die ist schon längst wach, mein Lieber, und hat zugeschaut, wie es dir geschmeckt hat", sagte Katrin.
„Und wie wir hereingekommen sind, das hast du vor lauter Appetit auch überhört", rief Anna.
„Ja, das stimmt. Aber ich habe mich so sehr nach Wackelpudding gesehnt, daß ich jedesmal beinahe weinen mußte, wenn ich nur daran dachte."
„Gut", sagte Katrin. „Aber nun müßt ihr mir auch eure Geschichte erzählen. Fangt an, Karolin, Wendelin!"

„Ich kann nicht mehr", stöhnte Wendelin. „Erzähl du lieber, Karolin."
Die zierte sich nicht lange und begann:
„Ich will davon erzählen, wie wir Katrins Puppen geworden sind."
Wendelin war mit der Wahl einverstanden.
„Wir waren zwei ganz besondere Puppen, Wendelin und ich. Der Puppenmacher hat lange an uns gearbeitet und oft bis in die Nacht hinein herumgebastelt. Er wollte Puppen fertigstellen, die den ganzen Tag über sprechen können. Endlich hatte er es geschafft. Er setzte Wendelin und mir eine Stimme in den Bauch. Immer, wenn wir nur ein ganz kleines bißchen bewegt wurden, dann sagte ich; ‚Oh, Mama, oh', und Wendelin sagte: ‚Süß, oh, süß.'
Es mag zwar so aussehen, als ob es gar nicht viel ist, wenn eine Puppe ein paar Worte spricht. Doch es ist viel. Denn alle Puppen wissen, wie schwer es ist, außerhalb der Stunde der Puppen einen Laut von sich zu geben.
Wir wurden in Kartons verpackt. Oben darauf hatte der Puppenmachermeister geschrieben: Vorsicht! Sehr zerbrechlich! Damit war aber nur unsere feine Stimme gemeint, denn sonst waren wir wie alle anderen Puppen auch und konnten schon einen Stoß vertragen.
Wir gelangten in ein großes Spielwarengeschäft mitten in der Stadt. Es war eine gute Zeit für Spielzeug, denn Weihnachten stand vor der Tür. Händler Schmitz stellte uns an den besten Platz im

ganzen Laden. Wir kamen auf den Tisch dicht neben der Eingangstür, damit jeder uns sehen konnte.
Wendelin und ich waren uns einig: Wir wollten zu einem lieben kleinen Mädchen.
Viele liebe kleine Mädchen schauten uns lange an und hätten uns gern mitgenommen. Doch weil wir so kunstvolle Stimmen hatten, waren wir sehr teuer. Die Mütter und Tanten schüttelten jedesmal den Kopf, wenn sie den Preis hörten.
‚Ich hab' es ja von vornherein gesagt', schimpfte Händler Schmitz mit seiner Frau, ‚diese Dinger' – und damit meinte er uns – ‚diese Dinger bringen uns nur Unglück ins Haus. Du wirst sehen: Sie bleiben im Laden stehen.' Da erschraken Wendelin und ich, denn es ist eine Schande für Puppen, wenn sie lange in einem Geschäft unverkauft stehenbleiben.
Doch der Händler schien unrecht zu haben. Drei Tage vor Weihnachten hielt ein dicker, schwerer Lastwagen vor der Ladentür. Der Fahrer stieg aus. Der Motor tuckerte leise. Alle Regale zitterten.
‚Ich möchte zwei Puppen kaufen.' Der Lastwagenfahrer schrie diese Worte fast. Er ließ die Faust auf die Theke fallen, daß die Püppchen, die dort standen, vor Schreck umfielen.
‚Gewiß!' sagte der Händler. ‚Wie alt ist das Kind denn?'
‚Haha, der Witz ist gut', lachte der Lastwagenfahrer. ‚Das Kind ist zweiundsiebzig Jahre alt. Haha!'

‚Zweiundsiebzig Jahre?' Dem Händler Schmitz verschlug es die Sprache. Das wollte bei ihm schon etwas heißen.
‚Das Kind ist nämlich meine alte Tante', brüllte der Lastwagenfahrer. Er konnte wohl gar nicht leise sprechen.
‚Die hat nämlich die Puppensammelleidenschaft. Wir müssen ihr zu jedem Fest, zum Geburtstag, zum Namenstag, zu Ostern, zu Pfingsten und sogar, wenn ihr Dackel Geburtstag hat, eine Puppe schenken. Zu Weihnachten hat sie sich gleich zwei von mir gewünscht.'
‚Ja, spielt denn die alte Dame mit den Puppen?' fragte der Händler.
‚Sie wollen mich wohl auf den Arm nehmen, was?' schrie der Lastwagenfahrer mit Donnerstimme. Herr Schmitz wurde blaß und entschuldigte sich: ‚Aber gewiß nicht, mein Herr, gewiß nicht.'
‚Sie stellt die Puppen alle auf den Kleiderschrank, nimmt sie jeden Morgen in die Hand und fegt mit einem Federwisch den Staub herunter. Das ist alles.'
‚Soso', sagte der Händler, weil er sich dachte, daß ‚soso' niemals falsch sein konnte, selbst bei so eigenartigen Kunden wie bei dem Lastwagenfahrer nicht.
‚Na, haben Sie nun etwas für mich?' fragte der Mann.
‚Doch, gewiß. Hier', sagte der Händler Schmitz und griff nach uns, ‚hier habe ich etwas ganz Be-

sonderes. Zwei kostbare Puppen. Wie geschaffen für ihre Tante.'
Ich war starr vor Schreck. Stellt euch vor: Stets auf dem Kleiderschrank sitzen müssen, jeden Tag einmal einen häßlichen Federwisch im Gesicht spüren und keine Kinder sehen und nicht spielen! Ich hätte sterben mögen! Aber Wendelin hatte einen guten Gedanken.
Der Lastwagenfahrer schaute uns starr an und murmelte: ,Die Alte hat 'nen Klaps, zwei Puppen auf einmal.'
Da sagte Wendelin: ,Süß, oh, süß!'
,Was, das finden Sie süß?' brüllte der Fahrer den Händler Schmitz an, denn er dachte, daß der die drei Worte gesprochen hätte.
,Ganz und gar nicht, mein Herr', beeilte der sich zu sagen. Seine Frau trat auch hinzu, weil sie ihrem Mann bei der Bedienung des schwierigen Kunden behilflich sein wollte.
,Ich glaube, ich nehme die Puppen', knurrte der Fahrer.
,Oh, Mama, oh', stöhnte ich.
,Was heißt das denn schon wieder?' fauchte er die Frau an.
,Süß, oh, süß!' rief Wendelin aus Leibeskräften.
,Zum Teufel!' rief der Mann. ,Ich werde wütend!'
,Süß, oh, süß', sagte Wendelin wieder. Und ich fügte hinzu: ,Oh, Mama, oh.'
,Ich lasse mich nicht zum Narren halten!' brüllte der Lastwagenfahrer.
,Aber, mein Herr', sagte der Händler Schmitz

verzweifelt, ‚es sind doch die Puppen, die da gesprochen haben.‘

‚Was? Diese Puppen? Sie wollen auch noch dreist lügen?‘

‚Oh, Mama, oh‘, rief ich, und Wendelin sagte: ‚Süß, oh, süß!‘

Da nahm der Fahrer mich in die linke Hand und Wendelin in die rechte. Er hatte Hände so groß wie Bratpfannen. ‚Ihr sollt sprechen können? Haha! Ein Lastwagenfahrer läßt sich auch von einem Händler aus der Innenstadt nichts vorlügen!‘

Sagt's, drückt uns mit seinen Händen, daß es in Wendelin und auch in mir leise ‚Knack‘ macht, und wirft uns hart auf den Tisch zurück.

Ohne Gruß ist er hinausgegangen. Händler Schmitz hat uns vorsichtig hin- und hergeschaukelt, aber weder Wendelin noch ich haben auch nur ‚Pieps‘ gesagt. Unsere kunstvollen Stimmen waren dahin.

‚Ich hab's ja gleich gewußt‘, jammerte der Händler, ‚diese beiden bringen uns nur Unglück.‘

In dem Augenblick, Katrin, kam deine Patentante in den Laden und sagte: ‚Wie können Puppen denn Unglück bringen, Herr Schmitz?‘

‚Nehmen Sie sie, nehmen Sie sie!‘ beeilte sich der Händler zu sagen. Er nannte einen ganz niedrigen Preis. Deine Tante wollte dir eigentlich nur eine Puppe zum Weihnachtsfest schenken, aber als sie diesen Preis hörte, da hat sie uns gleich einpacken lassen. So sind wir zu dir gekommen und der alten Tante und dem Kleiderschrank entronnen.“

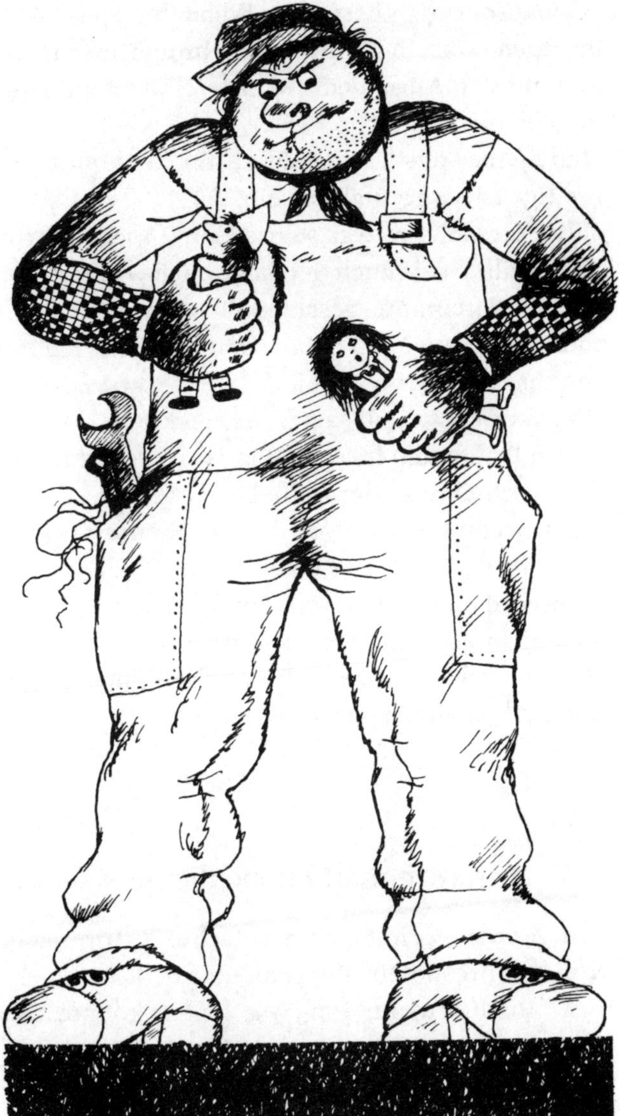

„Genauso war's", bestätigte Wendelin. „Jetzt wißt ihr auch, warum Karolin sich immer erschreckt und mit den Augendeckeln zittert, wenn ein Lastwagen vorbeifährt."
„Ich meine stets", gestand Karolin, „es könnte der garstige Lastwagenfahrer sein."
„Eure Geschichte war sehr schön", sagte Katrin, „und wahr ist sie auch. Ich habe euch wirklich von meiner Patentante geschenkt bekommen. Stellt euch vor, zu meinem Namenstag wünsche ich mir von ihr ein rosarotes Kleid.'
Ursula erschrak und sagte: „Schrecklich."
Katrin lachte und fragte: „Wer ist morgen mit seiner Geschichte an der Reihe?"
„Ach, wenn du mir doch helfen könntest", jammerte Beatrix mit dem einen Bein.
„Das wird nicht leicht sein. Ein Puppenbein findet man nicht alle Tage", sagte Katrin.
„Beeilt euch", erinnerte Bippo die Puppen, „unsere Zeit ist gleich wieder vorüber."

Katrin malt Puppenbeine

Den ganzen Vormittag über dachte Katrin nach. Woher sollte sie ein Puppenbein für Beatrix nehmen? Ihr fiel nichts ein, was helfen konnte. Sie fragte sechs Mädchen aus ihrer Klasse und stieß in der Malstunde ihre Nachbarin an und flüsterte: „Hast du kein altes Puppenbein übrig?"

„Was gibt es zu schwätzen?“ fragte Frau Kunze. Sie dachte: „Es wird höchste Zeit, daß es nächste Woche Ferien gibt. Ich bin schon ganz nervös, und Katrin kann auch keine fünf Minuten mehr aufpassen.“

Die Kinder durften „Mutter hängt die Wäsche auf“ malen. Später ließ sie sich die Malblätter zeigen. Peter hatte Vaters lange Unterhosen an der Wäscheleine gemalt. Auf Inges Bild nahm die Mutter gerade ein Bettlaken aus dem Wäschekorb.

„Katrin, darf ich dein Blatt auch sehen?“ fragte Frau Kunze. Katrin ging zum Pult. Frau Kunze wurde ärgerlich, als sie Katrins Blatt betrachtete. Keine Wäscheleine war zu sehen, kein Wäschekorb, kein einziges Wäschestück, ja sogar die Mutter fehlte. Statt dessen hatte Katrin vierzehn schöne Puppenbeine gemalt. Jedes hatte ein Söckchen und ein schwarzes Lackschühchen an. Das war zwar ein schönes Bild, aber Frau Kunze war trotzdem nicht damit zufrieden.

Später erzählte Katrin den vier Mädchen aus dem Haus die neue Geschichte. Selbst Sigrid konnte sich das Lachen nicht verkneifen, als sie hörte, wie listig Wendelin mit seinem „Süß, oh, süß“ und Karolin mit ihrem „Oh, Mama, oh“ sich vor der alten Puppensammlerin und ihrem Kleiderschrank gerettet hatten.

„Du kannst heute schon ein bißchen mit uns spielen“, sagte Dora.

So sehr Katrin sich an jedem anderen Tag darüber gefreut hätte, an diesem Tage hatte sie Sorgen.

„Seht ihr?" sagte die böse Sigrid. „Katrin ist eine hochnäsige Ziege. Sie will gar nicht mit uns spielen."

„Doch, ich möchte es gern." Katrin druckste herum und sagte schließlich: „Ich möchte wirklich gern, aber ich brauche ein Puppenbein."

„Ein Puppenbein?" fragte Ellen. „Wozu?"

„Sie will mit einem Puppenbein spielen!" spottete Sigrid.

„Ich habe es Doras Puppe Beatrix versprochen", flüsterte Katrin.

„Für meine Beatrix willst du ein neues Bein haben?" Dora war überrascht.

„Ja, für deine Beatrix."

Dora lief schnell ins Haus, suchte nach Beatrix, fand sie auch unter dem Sofa und brachte sie heraus.

„Sie sieht wirklich jämmerlich aus", sagte Ellen.

„Deshalb spiele ich auch nicht mehr mit ihr", sagte Dora.

„Wo bekommt sie nur ein neues Bein her?" fragte Beate.

„Bei mir liegen bestimmt Puppenbeine in der Spielkiste herum", knurrte Sigrid, „aber ich suche sie nicht heraus."

Sie kratzte mit dem Fuß ein kleines Sandhäufchen zusammen und sagte dann: „Ich habe überhaupt keine Puppe mehr. Mein Bruder Fritz hat sie alle beim Doktorspielen zerrissen. Angelika zählt nicht. Die steht im Regal, und ich darf sie nicht anrühren. Ich spiele überhaupt nicht mehr mit

Puppen. Ich gehe jetzt auf den Spielplatz. Geht ihr mit?"

Dora setzte ihre Puppe Beatrix auf die Fensterbank und lief den anderen Mädchen nach, die hinter Sigrid hergerannt waren. Da nahm Katrin Beatrix auf den Arm und stieg alle Treppen hinauf, die das Haus nur hatte. Ganz oben wohnte Sigrid. Sie schellte, und Frau Simon öffnete.

„Sigrid ist nicht da, Katrin", sagte sie.

„Das weiß ich, Frau Simon."

„Wolltest du mich besuchen?" Frau Simon lachte und machte die Tür weit auf.

„Es kommt selten vor, daß mich einer hier oben besucht", sagte sie. „Komm herein."

Sie ging mit Katrin in die winzige Küche. Durch ein kleines Dachfenster fiel ein wenig Licht in den Raum.

Frau Simon setzte sich wieder an ihre Flickwäsche. Ein ganzer Berg davon lag auf dem Tisch.

„Was gibt es denn, Kind?" fragte sie, ohne von ihrer Arbeit aufzusehen.

„Ich suche für die Puppe Beatrix ein Bein, Frau Simon. Sigrid hat gesagt, sie hätte bestimmt Puppenbeine."

„Das kann wohl sein. Sieh nur dort im Spielregal nach."

Wild durcheinander lag darin Sigrids Spielzeug, ein Brummkreisel, die Reste einer kleinen Puppenstube, ein Springseilchen, kleine Kochtöpfe und lauter Dinge, die kleine Mädchen besitzen. In der Ecke saß Angelika.

„Warum darf Sigrid nicht mit Angelika spielen, Frau Simon?" fragte Katrin.
„Sigrid ist ein wildes Kind", sagte Frau Simon. „Ich wäre froh, wenn sie mit ihren Puppen sorgsam umgehen würde. Aber sie rennt lieber auf der Straße herum. Kein Spielzeug hält länger als drei Tage."
Wirklich fand Katrin die Teile mehrerer Puppen, zerdrückte Körper, einen Puppenkopf ohne Haare und mit leeren Augenhöhlen und auch drei Puppenbeine. Katrin probierte, welches wohl am besten paßte. Genau kam es mit keinem aus. Schließlich entschied sie sich für eines, das nur ein kleines Stückchen zu kurz war.
Sie hielt es an Beatrix' Beinloch. Sollte sie es mit Klebstoff befestigen? Nein, das ging nicht, denn dann konnte Beatrix das Bein ja nicht bewegen. Für eine Tänzerin ist ein steifes Bein sicher noch hinderlicher als gar kein Bein.
„Soll ich dir helfen?" fragte Frau Simon.
„Kannst du das denn?"
„Und ob. Früher haben wir zu Hause bei uns im Thüringer Wald viele Puppen gemacht."
Sie setzte Beatrix auf ihren Schoß, nahm aus dem Nähkorb eine Häkelnadel, fuhr damit in Beatrix' Beinloch und zog ein Stückchen Gummiband heraus. Drei Knoten schlang sie in das Ende des Gummis und zwängte es dann in das neue Puppenbein. Klapp, machte es, und stramm saßen die Beine. „Man merkt kaum, daß das neue Bein Beatrix nicht gehört", sagte Katrin.

„Sie muß sich eben ein Söhlchen in den linken Schuh legen, dann fällt es niemandem auf, daß das Bein kürzer ist", riet Frau Simon.
„Ich will es ihr sagen", versprach Katrin und stieg die vielen Stufen wieder hinab in den Hof. Sie setzte Beatrix zurück auf die Fensterbank.
Als es dunkel wurde und eine dicke Wolke Regen auf die Erde strömen ließ, kamen die Mädchen vom Spielplatz nach Hause. Doch Dora vergaß ihre Beatrix. Die Puppe mußte in Wind und Nacht und Wetter draußen auf der Fensterbank sitzen bleiben.

Die Mittwochgeschichte: Die Eule mit dem heißen Blick

Die Stunde der Puppen kam, aber Beatrix blieb aus. Es war eine finstere Nacht. Schwarze Wolken jagten über die Dächer hin. Der Mond blickte nur für kurze Augenblicke durch kleine Wolkenfenster in Katrins Zimmer.
„Ob Beatrix die Hoftür nicht öffnen kann?" fragte Katrin. Sie wartete ungeduldig darauf, daß Beatrix hereinkam und die Puppen mit ihrem neuen Bein überraschte.
„Darüber brauchst du dir keine Gedanken zu machen", brummte Bippo. „Eine Puppe findet immer einen Weg."
„Ich glaube eher", sagte Anna, „daß Beatrix ihren

Freund Milchschnäuzchen wiedergetroffen hat. Dann wird es gewiß noch ein Viertelstündchen dauern, bis sie eintrifft."

„Wer ist Milchschnäuzchen?" wollte Katrin wissen.

„Du kennst ihn bestimmt", kicherte Karolin. „Er wohnt vier Häuser weiter links und ist ein stattlicher schwarzer Kater."

„Der Kater, der über die Dächer klettert und manchmal in der Nacht so fürchterlich schreit, das ist Beatrix' Freund?"

„Ja. Geschrien hat er so, weil er sich nach seiner Freundin sehnte", sagte Wendelin.

„Warum hat Beatrix ihn denn warten lassen?" fragte Katrin. „Mochte sie ihn nicht mehr leiden?"

„O nein!" rief Anna entrüstet. „Milchschnäuzchen ist ein herrlicher Freund. Beatrix hat sich geschämt, weil sie ein Bein verloren hatte. Doch jetzt ist das ja nicht mehr nötig." Dabei zwinkerte Anna den anderen Puppen zu.

„Nicht mehr nötig?" fragte Katrin und sah die Puppen mißtrauisch an.

„Du kannst doch alles, wenn du uns helfen willst", antwortete Wendelin. „Ganz bestimmt hast du Beatrix auch ein neues Bein beschafft."

„Ihr seid Schlaumeier!" Katrin lachte. „Aber es ist wirklich so, ich habe ihr ein neues Bein beschafft. Es ist zwar ein Stückchen kürzer, aber das sieht man kaum."

„O je", klagte Bippo. Auch die anderen Puppen ließen die Köpfe hängen.

„Ja, meint ihr denn, daß es so leicht sei, ein Puppenbein zu finden?" Katrin war beleidigt. „Schließlich ist Beatrix froh, daß sie überhaupt wieder ein Bein hat."

„O je", sagte Bippo wieder.

„Sie ist nämlich sehr, sehr eitel", erklärte Wendelin.

„Es ist gut möglich, daß sie deshalb nicht kommt, weil sie ihre ungleichen Beine nicht zeigen will."

Es klopfte an das Fenster. Durch die Scheibe sah man den Schatten des schwarzen Katers. Auf seinem Rücken ritt Beatrix.

„Sagt ihr nur nicht, daß wir das kürzere Bein bemerken", flüsterte Anna.

„Nein, nein, nur nicht!" wisperten die Puppen.

Katrin öffnete das Fenster. Mit elegantem Schwung sprang Milchschnäuzchen auf den Teppich.

Beatrix aber tanzte auf seinem Rücken, drehte sich, sprang hoch hinauf, bog ihren schlanken Körper und bewegte zierlich ihre Arme. Die Beine wirbelten nur so durch die Luft. Ihr weißes Röckchen flatterte.

„Wunderbar", lobte Katrin und klatschte in die Hände.

Das erschreckte den schwarzen Kater. Er sprang mit einem Satz auf die Kommode und machte einen runden Katzenbuckel.

Beatrix, die gerade einen schönen Luftsprung gewagt hatte, landete daher nicht im weichen Fell des Katers, sondern – bums – saß sie auf dem Teppich. Sie schaute so verdutzt drein, daß alle lachen mußten.

Beatrix machte sich nichts daraus. „Seht euch mein neues Bein an", rief sie und sprang auf und streckte es den anderen entgegen. Alle bewunderten ihr Bein.

„Wirklich", sagte Wendelin, „es sieht so aus, als ob es eigens für dich gemacht worden wäre."

„Es ist ja gar nicht kürzer!" rief Anna aus. Katrin nahm Beatrix in die Hand und hielt die beiden Puppenbeine nebeneinander. Sie staunte und murmelte: „Wahrhaftig, beide Beine sind genau gleich lang. Wie kann das sein? Vor ein paar Stunden war das neue Bein doch eine Fingerbreite kürzer?"

Beatrix legte ihren Arm um Katrins Hals und drückte sie. „Du bist ein gutes Kind", flüsterte sie ihr ins Ohr. „Ich bin dir sehr, sehr dankbar."

Laut sagte sie aber dann: „Stellt euch vor, Katrin hat mir wirklich ein neues Bein verschafft. Aber Milchschnäuzchen, mein lieber Freund, der hat dafür gesorgt, daß dieses neue Bein ganz zu mir paßt."

Milchschnäuzchen schnurrte behaglich und ließ seine grünen Augen leuchten.

„Erzähle uns, wie das zuging", riefen die Puppen.

„Huh, das war schaurig", begann Beatrix. Das mußte wohl stimmen, denn selbst dem schwarzen Kater sträubte sich das Nackenfell, und seine weißen Schnurrbarthaare zitterten.

„Ich hatte es gleich gemerkt, als Frau Simon mir das Bein festknotete, daß es ein wenig kürzer war.

Für eine richtige Tänzerin ist das sehr schlimm. Ich wußte also nicht recht, ob ich mich über das neue Bein freuen konnte. Dazu kam, daß Dora mich vergaß und der kalte Regen mich bis auf das Hemd durchnäßte. Kurzum, als mein Freund Milchschnäuzchen kam, da war mir recht elend zumute. Doch Milchschnäuzchen ist ein kluger Kater. Er erriet gleich, was mir fehlte, und sagte: ‚Wärme dich erst einmal in meinem Pelz. Dann wollen wir weitersehen.'

Trocken und warm sieht die Welt viel schöner aus. Milchschnäuzchen und ich überlegten hin und her, wie man das kurze Bein ein wenig verlängern könnte. Er wollte zuerst einen Strick daran binden und ziehen, aber damit war ich nicht einverstanden. Denn stellt euch vor, das Gummi wäre gerissen! Dann hätte ich wieder auf einem Bein gestanden. Später schlug er vor, ich sollte einen Schuh mit besonders dicker Sohle tragen. Aber könnt ihr euch eine Tänzerin mit dicken Schuhen vorstellen? Wir überlegten lange und gründlich. Da bemerkte ich, wie Milchschnäuzchen sich wieder und wieder mit der linken Pfote den Schnurrbart strich. Ich kenne ihn gut und wußte gleich, daß er mit irgendeinem Gedanken nicht ans Licht rücken wollte.

Schließlich aber bettelte und quälte ich so, daß er mir verriet, was ihm eingefallen war.

‚Im tiefen Dämmerwald', knurrte er, ‚da wohnt eine uralte Eule. Die ist so alt wie der Dämmerwald selber. Augen hat sie wie Autoräder und einen Blick voll Glut und Feuer. Wenn sie irgend etwas anstarrt, mag es nun aus Eisen sein oder aus Stein, dann wird es von der Glut dieses Blickes so weich wie Eidotter. Schaut diese Eule kurz auf dein Bein, dann wird auch das weich und dehnbar. Du könntest es ein wenig längerziehen, bevor es erkaltet und wieder hart wird.'

,Wunderbar', rief ich, sprang meinem Kater auf den Rücken und befahl: ,Vorwärts! Marsch! Laufe, was die Sohle hält, in den Dämmerwald!'

,Halt! Halt!' sagte er darauf. ,Die Sache hat ja einen großen Haken. Stell dir vor, die Eule starrt zu lange auf dein Bein! Dann zerfließt es, und du bist wieder die Puppe Hüpfefuß mit einem Bein.'

Was war zu tun? Doch, wie gesagt, Milchschnäuzchen ist ein sehr kluger Kater. Als wir da hockten und die Geschichte überdachten, machte er plötzlich einen Satz von der Fensterbank hinunter und fuhr zwischen die Mülltonnen.

,Wo bleibst du, Milchschnäuzchen? Willst du mir untreu werden und dich aus dem Staube machen?'

Doch er knurrte zur Antwort nur. Sprechen konnte er auch nicht, denn er trug im Maul eine fette Maus.

,Huhu, eine Maus!' schrie ich und stellte mich auf die Zehenspitzen.

,Hab dich nicht so!' knurrte er zwischen den Zähnen hervor, legte das Mäuslein unter die Pfote und sprach: ,Dieses Tier ist unsere Rettung.'

,Unsere Rettung? Wie soll eine Maus uns retten?'

,Du wirst schon sehen.'

Ich mußte mich auf seinen Rücken setzen. Er nahm die Maus zwischen die Zähne, und ab ging die Post.
Wir rannten aus der Stadt hinaus, durch Hecken und Zäune, und mehr als einmal dachte ich, mein Kleid würde an Stachel und Dorn zerreißen. Endlich erreichten wir den düsteren Dämmerwald. Dort machten wir Rast. Milchschnäuzchen erklärte mir, was ich tun sollte.
‚Du rufst dreimal in den Wald hinein:

Eule, Eule, Nachtgesicht,
warum fliehst du das Sonnenlicht?
Siehst du mit deinen Augen nicht?

Sie wird kommen und dich scharf anschauen.'
‚Und?' fragte ich atemlos.
‚Dann vergiß nur nicht, an deinem Bein zu ziehen', sagte er.
‚Hoffentlich schmelze ich nicht ganz dahin wie Butter in der Sonne.'
‚Laß das nur meine Sorge sein. Wenn ich dich aber rufe, dann springe, was auch immer geschieht, auf meinen Rücken und halte dich an meinen Ohren fest.'
Milchschnäuzchen versteckte sich im Gebüsch. Ihr könnt euch denken, wie mein Herz klopfte, als ich in den Wald hineinrief:

Eule, Eule, Nachtgesicht,
warum fliehst du das Sonnenlicht?
Siehst du mit deinen Augen nicht?

Beim drittenmal rauschte es in den Bäumen, ein Schatten glitt durch das Laub, und drei Schritte über mir ließ sich die alte, graue Eule auf einem Ast nieder.
‚Meine Augen sind feurig wie eh und je', krächzte sie mit ihrer schrecklichen Stimme und riß plötzlich ihre grünen Lichter tellerrund auf und starrte mich an. Mir schoß der Blick wie ein Blitz durch die Glieder. Hastig zerrte ich an meinem Bein. Es ließ sich ziehen wie warmes Wachs. Schon spürte ich die Hitze bis an mein Herz dringen, da warf Milchschnäuzchen ihr die Maus vor die Fänge.
Die Eule schrie: ‚Oho, eine Maus', wandte den Blick von mir, segelte auf den Waldboden und ergriff die Maus. Milchschnäuzchen aber rief: ‚Schnell! Schnell!' Ich krallte mich auf seinem Rücken fest. Er sprang so rasch, daß seine Pfoten kaum den Boden berührten. Und nun: Schaut mich an!"
Beatrix richtete sich auf, stellte sich auf die Zehenspitzen und tänzelte umher. Niemand hätte sagen können, welches Bein nun ihr eigenes und welches das neue war. Sie glichen einander wie ein Haar dem anderen.
„Das war ein gefährliches Abenteuer!" Wendelin atmete erleichtert auf.
Karolin schaute auf den Wecker und mahnte: „Wenn Beatrix noch eine Geschichte zum Dank erzählen will, dann wird es höchste Zeit. Die Stunde der Puppen ist fast vorüber."
„Für mich eine Geschichte?" Katrin lachte. „Du

Dummerchen! Hast du denn nicht gemerkt, daß Beatrix bereits eine wunderschöne Geschichte erzählt hat?"
Eine Weile schwatzten sie noch. Schließlich ließ Katrin Beatrix und den Kater wieder durch das Fenster in den Hof, und die anderen Puppen mußten sich auf den Weg in ihre Wohnungen zu ihren Puppenmüttern machen.

Katrin lernt häkeln

„Eine Kette für Anna, ein Nachthemd für Ursula, und Angelika will spielen", seufzte Katrin sorgenvoll. Wie immer, wenn sie nicht weiter wußte, schellte sie bei Tante Lina.
Doch die war knurrig. Ihr Großmuttergesicht zeigte viel tiefere Falten als sonst. Ihre Augen sahen ohne Brille schwarz und groß aus. Drei Zeitungen lagen ungelesen auf dem Tischchen. Selbst das Strickzeug ruhte im Nähkorb.
Tante Lina ließ sich in den Schaukelsessel sinken und legte die Hände in den Schoß.
„Bist du krank, Tante Lina?" fragte Katrin.
„Ich war seit meinem vierten Lebensjahr, als ich die Masern hatte, nie mehr krank", antwortete Tante Lina mürrisch.
„Was fehlt dir denn?".
„Meine Brille fehlt mir, meine Brille! Ich habe schon alles abgesucht, aber wenn die Augen

schlecht sind und man mit den Händen sehen muß, dann kann man schwer etwas wiederfinden."

„Ich werde sie suchen, Tante Lina."

„Tu das, Kind, vielleicht hast du mehr Glück als ich. Schau zuerst unter dem Sofa nach."

Katrin kroch unter das Sofa.

„Ist dort nichts?"

„Nein, Tante Lina."

„Unter den Schrank ist sie auch nicht gerutscht?"

Katrin legte sich platt auf den Boden und schaute unter den Schrank. Da war es finster. Mit einem Besenstiel stocherte sie. Es kam eine Kaffeebohne zum Vorschein, und eine Stricknadel fand sich, aber die Brille war nicht da.

„Sollte ich sie denn in den Sekretär gelegt haben?" sagte Tante Lina, erhob sich aus dem Sessel und ging mit vorgestreckten Händen auf das zierliche Schränkchen zu, das in der Ecke neben dem Fenster stand. Sie öffnete die Klappe. Sechs kleine Schubladen zeigten sich. Jede öffnete Tante Lina, tastete sie ab und schob sie wieder zu.

„Nichts! Nichts!" knurrte sie.

Katrin schlüpfte schnell in Tante Linas Sessel und schaukelte ein wenig. Dabei glitt ihre schmale Kinderhand zwischen die Polster des Sitzes. Ihre Fingerspitzen stießen dabei auf dünnes, kaltes Metall.

„Die Brille!" rief sie. „Tante Lina, hier, tief im Sessel hat sich die Brille versteckt!"

„Gott sei Dank!" Tante Lina atmete auf. Sie schob sich die Brillenbügel hinter die Ohren. Gleich

sahen ihre Augen wieder freundlicher aus. Selbst die tiefen Falten glätteten sich ein wenig.
Erleichtert ließ sie sich in den Sessel sinken und griff nach ihrem Strickzeug.
„Das hast du gut gemacht, Katinka. Nimm dir zur Belohnung das letzte Bratbonbon aus der Blechschachtel. Wünschen darfst du dir auch noch etwas."
„Ein Puppennachthemd!" stieß Katrin hervor.
„Ein Nachthemd für eine Puppe? Gut. In den nächsten Tagen muß ich sowieso an die Nähmaschine, dann will ich für dich ein Hemdchen nähen."
„Kann es nicht heute sein, Tante Lina?" schmeichelte das Kind.
„Wo denkst du hin, Katinka. Ich muß heute noch drei Zeitungen lesen, und außerdem habe ich drei Tage lang nicht stricken können. Da gibt es allerlei nachzuholen."
„Wie schade", klagte Katrin.
„Du könntest ja vielleicht selbst ein Nachthemd häkeln."
Tante Lina lächelte. Als sie sah, daß Katrin zögerte, versprach sie: „Wolle und Häkelnadel kannst du von mir bekommen, und den Stich will ich dir auch beibringen."
Flink suchte sie einige kleine, hellblaue Wollknäuel aus dem Korb, nahm die Häkelnadel zur Hand, und wie durch Zauberei wuchs ihr die erste Kette der Maschen unter den Fingern.
„So, jetzt bist du an der Reihe." Katrin blieb nichts

anderes übrig, als die Nadel in die rechte Hand zu nehmen und den Wollfaden um den linken Zeigefinger zu wickeln. Dann erklärte Tante Lina: „Den Faden um die Nadel schlagen, in die Luftmasche einstechen, durch die Schlinge ziehen, wieder den Faden um die Nadel, hindurch damit durch die Schlinge."

Katrin staunte, wie leicht das war. Schon war das Nachthemd um ein winziges Stückchen gewachsen. Wieder und wieder sprach sie leise vor sich hin: „. . . um die Nadel schlagen, einstechen, durchziehen . . ."

Katrin bekam vor Eifer rote Backen. Sie hatte gar keine Zeit mehr, auf Tante Lina zu achten. Die freute sich über das fleißige Kind, vergaß ihre Zeitungen und häkelte mit einer zweiten Nadel in weniger als einer Viertelstunde den ganzen Rükken für das Nachthemd. Bei Katrin dauerte es viel länger. Ihr wurden die Finger steif und taub von der ungewohnten Anstrengung. Als Tante Lina ihr das Häkelzeug für eine Weile fortnehmen und selbst flink ein Stückchen daran häkeln wollte, erlaubte Katrin das nicht. Gegen Abend hatte sie wirklich das letzte Wollfädchen umgeschlagen, eingestochen, durchgezogen. Gewiß, nicht jede Masche glich der anderen, eine war größer, die andere kleiner, auch war das Vorderteil viel fester als der Rücken. Doch Tante Lina lobte: „Für die erste Häkelarbeit ist das sehr, sehr gut."

Mit schnellen Stichen nähte sie Rücken und Vorderstück zusammen.

„Es ist wirklich ein Nachthemd", sagte Katrin stolz. Tante Lina dachte zwar: „Es sieht eher wie ein Kartoffelsack aus", aber sie sagte das nicht laut.

Katrin lief zu ihrer Mutter und zeigte ihr die Arbeit.

„Das hast du unruhiger Floh fertiggebracht?" fragte Mutter.

„Tante Lina hat mir geholfen", gestand Katrin, „aber das Vorderteil habe ich ganz allein gehäkelt."

„Du bist ein tüchtiges Kind." Mutter freute sich und gab ihrer Tochter einen dicken Kuß.

Die vier Mädchen saßen bereits im Hof und warteten auf die neue Geschichte. Bippo und Beatrix waren auch dabei. „Katrin, komm doch zu uns herunter", riefen sie. Das war schon lange, lange nicht mehr vorgekommen. Katrin rannte über die Treppe, nahm immer zwei Stufen auf einmal, obwohl das ja eigentlich . . .

Die Donnerstaggeschichte: Drei Wünsche für Ursula

Einen Kuß bekam Katrin auch von der Puppe Ursula. Vor Ungeduld zitterten Ursula die Hände, sie streifte ihr Perlonkleid und ihre zwei Unterröcke ab und schlüpfte in den gehäkelten Wollsack.

„Endlich! Endlich!" rief sie immer wieder.

„In dem Perlonfähnchen sah sie längst nicht so hübsch aus, nicht wahr?“ flüsterte Wendelin Katrin ins Ohr.
Katrin reichte Ursula den kleinen Taschenspiegel.
„Halt ihn mir, Bippo“, bat Ursula. Sie drehte und wendete sich vor dem Spiegel, als ob sie ein Ballkleid anprobieren müßte. Der Mond schickte hellgelbe Lichtstrahlen in das Zimmer.
„Blau ist meine Lieblingsfarbe“, bekannte Ursula. „Ihr könnt euch gar nicht vorstellen, wie glücklich ich darüber bin, endlich aus den Perlonkleidern herauszukommen.“
„Ich verstehe dich nicht“, flüsterte Angelika. Ihre Stimme klang bereits so leise, daß man sie nur noch mit Mühe hören konnte. „Dein Kleid ist doch schön.“
„Das dachte ich zuerst auch“, gestand Ursula. „Aber damit fängt meine Geschichte schon an.“
Alle Puppen setzten sich in die Runde, Ursula strich liebevoll über das wollene Nachthemd und begann:
„Ich bin in einer Spielzeugfabrik hergestellt worden und hatte ein rotes Röckchen und eine weiße Bluse an, so wie alle anderen Puppen auch, die in jenen Tagen das Licht der Welt erblickten. Und doch war es mit mir ein wenig anders als mit meinen neunhundertneunundneunzig Schwestern. Wir waren nämlich Tausendlinge, müßt ihr wissen. Die neunhundertneunundneunzig glichen sich ganz und gar. Das ist bei Tausendlingen nicht anders als bei Zwillingen oder Drillingen. Ausge-

rechnet bei mir hatte die Arbeiterin nicht aufgepaßt. Statt der beiden schwarzen Lackschuhe, die meine Schwestern trugen, hatte sie mir nur einen einzigen schwarzen Schuh angezogen. Über meinen linken Fuß streifte sie ein rotes Stiefelchen mit einem goldenen Stern. Das bemerkten meine Schwestern in der Stunde der Puppen. Es gab ein Gekicher und Gewisper. Alle schauten auf mich. Ich wurde ganz verlegen. Ich war froh, als die Zeit herum war, und wünschte mir, daß nie wieder eine Stunde der Puppen käme. Ein Unglück zieht das andere nach sich. Am nächsten Tag wurden all meine Schwestern in eine große Kiste gepackt. Mich aber warf der Packer in einen Korb.
‚Wer will schon eine Puppe mit zwei verschiedenen Schuhen an den Füßen?' brummte er.
Da lag ich allein. Die Nacht brach herein. Ich wagte mich selbst in unserer Stunde nicht aus dem Korb hinaus, weil ich fürchtete, von den Fünfhundertlingen, die an diesem Tag fertiggeworden waren, ausgelacht zu werden. Zaghaft blickte ich durch eine Spalte auf das lustige Treiben. Alle Fünfhundertlinge hatten zwei Unterröcke und ein herrliches Perlonkleid an. Hundert blaßgrüne, hundert rosenfarbene, hundert weiße, hundert zitronengelbe und hundert rehbraune Kleider schwirrten durcheinander. Mir wurde ganz wirr vor den Augen.
Plötzlich jedoch trat auf einen Schlag Stille ein. Jede Puppe blieb steif auf dem Platz stehen, auf dem sie gerade war. Die Tür war aufgesprungen.

Es trat ein Puppenprinz herein. Er war ganz in blaue Seide gekleidet und trug eine gefiederte Kappe auf dem Lockenhaar. Die Puppen machten alle einen tiefen Hofknicks. Ihre Kleider lagen ausgebreitet wie Seerosen auf einem Teich. Der Prinz schaute die Puppendamen traurig an und sprach: ‚Ich habe große, große Sorgen.'
‚Können wir dir vielleicht helfen?' wagte die älteste der Fünfhundertlinge zu sagen.
‚Vielleicht, vielleicht', antwortete der Prinz. ‚Zeigt mir eure Füße.'
Die Fünfhundertlinge kicherten, schoben aber dann doch ihre Fußspitzen unter den langen Rökken hervor. Die älteste war sogar so mutig, ihren Rock ein wenig anzuheben. Der Prinz konnte die schönen Unterröcke blitzen sehen. Aber er hatte nur Augen für die Schuhe. Er schritt von Puppe zu Puppe. Je weiter er kam, um so finsterer wurde sein Gesicht.
Schließlich zuckte er bei der letzten Puppe die Schultern und sagte: ‚Ich dachte es mir doch. Bei euch finde ich meinen schönen, roten Stiefel auch nicht wieder.'
Ich zuckte zusammen. Plötzlich fiel mir auf, daß auch der Prinz einen roten Stiefel und einen kleinen schwarzen Lackschuh an den Füßen trug. Nur war es bei ihm rechts ein Stiefel und links ein Lackschuh. Ich besann mich nicht lange, sprang aus meinem Korb hinaus, machte einen tiefen Knicks und rief: ‚Ich kann dir helfen, schöner Prinz. Ich habe deinen Stiefel am Fuß.'

Ihr hättet den Prinzen sehen sollen! Er kniete sich vor mir auf den Boden und sprach: ‚Du erlaubst doch, Ursula?' und zog mir mit seinen eigenen Händen den Stiefel vom Fuß. Dann schlüpfte er aus dem schwarzen Lackschuh heraus, streifte ihn mir über und schlang eine kunstvolle Schleife. Erst als ich meinen Schuh am Fuß hatte, zog er seinen roten Stiefel an, wackelte mit der großen Zehe auf und ab und sprach: ‚Wahrhaftig, er ist es. Er paßt gut.'
Die Fünfhundertlinge wiederholten im Chor: ‚Wahrhaftig, er paßt. Wahrhaftig, er ist es. Bravo, bravo!' und klatschten in die Hände.
Er hob seinen Arm. Wieder trat Stille ein.
‚Du aber, Puppe Ursula', sprach er zu mir, ‚du sollst belohnt werden. Drei Wünsche darfst du dir ausdenken. Was es auch sei, sie werden dir erfüllt.' Sprach's und verließ uns.
‚Welch ein Glückspilz bist du', riefen die Fünfhundertlinge. Doch da war unsere Stunde vorbei, und ich sprang in den Korb zurück.
Ich überlegte die ganze Nacht, was ich mir wohl wünschen sollte. Schließlich dachte ich mir: Ein so herrliches Perlonkleid, das wäre doch etwas. Vielleicht noch zwei Unterröcke darunter. Das müßte mir doch gut stehen.
Gedacht – gesagt. Ohne daß ich auch nur das geringste spürte, hatte ich statt Rock und Bluse ein duftiges rosenfarbenes Perlonkleid an.
Am nächsten Morgen sah mich der Packer im Korb liegen, drehte mich um und um und murmelte:

‚Mit dir war doch irgend etwas los?' Aber er fand nichts Außergewöhnliches an mir und legte mich zu den Fünfhundertlingen.
Ich aber hatte mir bereits den zweiten Wunsch ausgedacht und sagte: ‚Ich möchte weit durch die Welt kommen.'
Kaum hatte ich das ausgesprochen, da wurde ich mit den Fünfhundertlingen zusammen in eine große Kiste verpackt. Es war stockdunkel darin, und es rumpelte und ratterte. Wir wurden arg gestoßen.
‚Das ist bei der Post so', sagte die älteste der Fünfhundertlinge. Ich begriff, daß ich schon auf dem Weg durch die weite Welt war. Ich hatte mir das natürlich viel schöner vorgestellt und war heilfroh, als wir endlich aus der düsteren Kiste befreit wurden. Nun, was ich da sah, das gefiel mir weitaus besser. Auf einem großen Marktplatz wurde eine Kirmes aufgebaut. Unsere Kiste stand mitten in dem Durcheinander von Buden und Karussells, Eismaschinen und Kasperletheatern. Wir gehörten zu einer Losbude. Weil ich ganz oben in der Kiste gelegen hatte, ergriff mich der Budenonkel zuerst. Er setzte mich in die alleroberste Ecke zwischen eine Kristallvase und einen Klappstuhl. Alle fünfhundert Puppen fanden irgendwo zwischen den vielen Preisen Platz. Ich hatte von meinem Sitz aus einen guten Überblick über die ganze Kirmes. Sonntagmorgen nach dem Hochamt, als die Leute aus der Kirche strömten, ging es los. Die Karussells drehten sich, Musik ertönte aus jeder Bude, unser

Budenonkel schrie fortwährend in das Mikrofon: ‚Hier gewinnt ein jeder! Nur hineingegriffen in den Loseimer. Wer wagt – gewinnt.'
Die Leute drängten sich vor unserer Bude. Alle hatten fröhliche Gesichter. Ich war mit meinem Schicksal recht zufrieden. Jedesmal, wenn die freie Auswahl gezogen wurde, kam der Glückliche zu uns auf den Stand und durfte sich etwas aussuchen. Es verging keine Stunde, da waren von den Fünfhundertlingen schon zwölf fort. Doch ich saß da oben sicher. Niemand verlangte eine Puppe vom obersten Brett, weil ja auf den tieferen Brettern genügend gleiche Puppen saßen. Nach drei Tagen war die Kirmes vorbei. Wir zogen auf einen anderen Platz. Von dort aus wieder weiter und so fort, den ganzen Sommer lang. So ging mein zweiter Wunsch in Erfüllung. Ich kam durch die Welt. Allmählich wurde es Herbst. Ich fror in meinem Perlonkleidchen und merkte, daß auch ein schönes Kleid nicht immer gut ist. Von den Fünfhundertlingen waren schon vierhundertsechsundsiebzig ausgelost worden. Mit rosenfarbenen Kleidern gab es sogar nur noch drei. Da hörte ich eines Abends, wie der Budenonkel sagte: ‚Leute, kauft Lose! Heute ist der letzte Kirmestag. Ab morgen gehen wir in den Winterschlaf!'
Da bekam ich einen Schreck. Ich war die Reiserei gründlich leid geworden. Auch bemerkte ich, daß meine Stimme schon zu leiden begann, weil ja noch kein Kind mit mir gespielt hatte. Zu allem Unglück saß ich wieder oben auf meinem Platz.

Sehnlichst hoffte ich, daß ich ausgesucht würde. Ein alter Großvater zog aus dem roten Eimer die freie Auswahl.
Er stieg die Treppe herauf.
‚Was darf es sein, Opa?' schrie der Budenonkel. ‚Sehen Sie sich gründlich um. Hier ist alles da, was das Herz begehrt.' Der Großvater konnte sich nicht entschließen.
‚Vielleicht ein echt chinesisches Teeservice für die Oma?' fragte der Budenonkel. Der Großvater schüttelte den Kopf. ‚Oder einen blauen Plüschbär mit Schleife für das Enkelchen?' Hier überlegte der Großvater ein wenig länger, schüttelte aber dann wieder den Kopf.
‚Geben Sie mir das da', sagte er schließlich und zeigte in unsere Ecke.
Mir blieb vor Freude das Herz stehen.
‚Aha, die rosarote Puppe', sagte der Budenonkel.
‚Nein, nein', sagte der Großvater. ‚Den Klappstuhl bitte. Den kann ich im Garten gut gebrauchen.'
Meine Hoffnungen waren vergeblich gewesen. Der Zeiger der Kirchturmuhr rückte weiter auf die Zwölf zu. Sollte ich denn den ganzen Winter verpackt und mit Mottenpulver gepudert in einer Kiste liegen? Nein! Das wollte ich nicht. Deshalb sagte ich: ‚Ich wünsche mir zum letztenmal: Ich will gewonnen werden.'
Es verging keine Minute, da hatte eine junge Frau die Auswahl. Ohne sich zu besinnen, zeigte sie auf mich und sagte: ‚Diese Puppe dort wünsche ich.'
‚Selbstverständlich, eine Puppe in Rosa', antwor-

tete der Budenonkel und griff nach einer von den Fünfhundertlingen auf dem untersten Brett.
Doch die Frau wollte nichts vom untersten Brett. Sie wollte mich und sagte: ‚Oben steht immer das Beste. Ich will die Puppe dort vom obersten Brett.' Der Budenonkel meckerte zwar, nahm mich aber dann doch herunter. Die Frau war Beates Mutter. So bin ich hierhergekommen."

„Eine Geschichte ist schöner als die andere", sagte Katrin. „Doch ich will dich noch etwas fragen, Ursula, bevor ihr wieder geht."
„Ja?" sagte Ursula.
„Warum bist du mit deinem schönen Perlonkleid und den Unterröcken so unzufrieden, daß du dir von mir ein Nachthemd wünschtest?"
Da lachten alle Puppen. Wendelin sagte: „Kannst du dir vorstellen, wie man in einem rosa Perlonkleid richtig spielen kann?"
Karolin rümpfte die Nase und sprach: „Jeden Fleck sieht man ja darauf!" Und Angelika hauchte: „Nichts ist schlimmer, als immer ein gutes Kleid anziehen zu müssen. Man kann sich ja gar nicht darin bewegen."
Die Zeit war um. Die Puppen mußten fort.
„Denk an mich", bat Anna.
„Vergiß mich nicht", bat Angelika.
Katrin drehte sich um. Bevor sie einschlief, dachte sie: „Ich werde es mir doch überlegen, ob ich mir einen Unterrock und ein Perlonkleid von meiner Patentante wünsche."

Die Kette aus der Mülltonne

Am frühen Nachmittag erzählte Katrin den Mädchen die Geschichte, die sie von Ursula gehört hatte.

„Ich hätte nie geglaubt, daß meine Ursula schon so viel erlebt hat", sagte Beate. Sie drückte die Puppe fest an sich. „Ich werde auch bei Tante Lina das Häkeln lernen, damit Ursula noch mehr Kleider bekommt."

„Fein", sagte Katrin. „Es ist gar nicht so schwer."

„Ich bin gespannt, ob du morgen wieder eine Geschichte weißt. Meine Angelika kann bestimmt nichts erzählen", sagte Sigrid. „Sie sitzt nur da in der Ecke im Regal, und ich darf nicht mit ihr spielen. Was kann man von so einem langweiligen Puppenleben schon erzählen!"

„Ihr müßt mir helfen", sagte Katrin, „sonst bin ich mit meinen Geschichten am Ende."

„Verstehst du die Puppen nicht mehr?" fragte Sigrid, und in ihren Augen blitzte bereits wieder der alte, böse Spott auf.

„Ich soll Anna die Kette wiederbeschaffen, die irgendwer ihr abgenommen hat, eine rote Kette mit einem Anhänger daran. Auf dem Anhänger ist ein blauer Stern."

„Ja, die Kette ist weg", sagte Ellen. Beate senkte ihren Kopf tief. Ihr fiel ein, daß sie die Kette genommen hatte. Irgendwo mußte sie herumliegen. Aber wo sollte sie die Kette suchen?

„Eine rote Kette?" fragte Dora. „Wo habe ich denn

die rote Kette gesehen? Sie war zerrissen, und die Perlen lagen lose umher."

Sie legte ihre Stirn in Falten und dachte nach. Plötzlich sprang sie auf.

„Ich hab's!" rief sie, rannte zur Aschentonne und klappte den Deckel zurück. „Hier, seht nur, hier sind die Perlen!"

Katrin war als erste bei ihr am Ascheneimer.

„Da liegt ja auch die Plakette mit dem Stern!" Katrin nahm sie in die Hand.

Sorgsam suchten sie die Perlen aus den Abfällen heraus, putzten sie mit den Taschentüchern blank und sammelten sie in Katrins hohler Hand. Sie jubelte: „Das ist wirklich ein großes Glück. Einen Tag später hätte ich die Perlen nie wiedergefunden."

„Wir müssen sie aufreihen", sagte Dora.

„Ihr seid verrückt mit euren Puppen", schimpfte Sigrid. „Die Lügengeschichten machen euch ganz verrückt. Ich gehe jetzt zum Spielplatz. Wer geht mit?"

Sie sah sich im Kreis um. Doch Dora, Ellen und Beate wollten lieber bei Katrin bleiben. Wütend rannte Sigrid davon.

„Sie ist nur so, weil sie nicht mit Angelika spielen darf", sagte Dora.

„Wie machen wir es nur, daß Frau Simon es erlaubt?" fragte Beate.

„Ich habe sie schon gefragt", gestand Katrin. „Aber sie sagt, daß Sigrid jede Puppe in weniger als drei Tagen zerrissen hat."

„Ich glaube, Sigrid würde jetzt anders mit Angelika spielen", sagte Dora. „Wir machen es mit unseren Puppen ja auch besser."
„Wir müßten Frau Simon das mit Angelika und ihrer Stimme erzählen", sagte Katrin. „Vielleicht erlaubt sie es dann doch?"

Die Freitaggeschichte: König Goldschuppe wird operiert

Katrin hielt im Schlaf die Kette fest in der Hand. Wendelin hatte seine liebe Mühe, bis er das Mädchen endlich wach hatte. Er kitzelte sie unter der Nase, doch Katrin schlug im Schlaf nach ihm. Sie meinte wohl, es sei eine Mücke, die da herumschwirrte. Schließlich versuchte er es an ihrem Fuß, der unter der Bettdecke hervorschaute. Hui, da saß Katrin im Bett und rieb sich die Augen.
„Ich habe die Kette schon gesehen", sagte Anna. Sie zeigte auf Katrins Hand. Ihr Gesicht, das sonst so ernst dreinschaute, sah ganz anders aus: Anna lachte.
Katrin legte ihr die Kette um den Hals. Der Anhänger mit dem blauen Stern funkelte im Mondlicht. Anna legte beide Hände darum.
„Ach, bin ich froh!" sagte sie. „Ich habe kaum gehofft, daß ich ihn je wiederbekommen würde. Die Kette ist mein einziges Andenken an Pietruschka!"

„Wer ist Pietruschka, Anna?" fragte Ursula.
„Pietruschka ist meine Geschichte", begann Anna. Warm und tief klang ihre Stimme heute. Sie schaute zum Fenster hin, oder vielleicht gar durch das Fenster hindurch, weit, weit in die Ferne.
„Ich sagte euch ja, daß ich eine alte Puppe bin. Ellens Mutter hat schon mit mir gespielt. Damals, als sie noch ein Kind war, da habe ich Pietruschka kennengelernt. Er war wunderbar. Wenn ich nicht Ellens Mutter noch ein kleines bißchen lieber gehabt hätte, wer weiß, ob ich dann heute bei euch säße.
Nun, Ellens Mutter und ich waren unzertrennlich. Sie schleppte mich immer mit sich herum. Ich war Tag und Nacht mit ihr zusammen. Sogar wenn sie im Stall die Hühner füttern mußte, nahm sie mich mit. Natürlich konnte sie mich nicht ständig auf ihrem Arm tragen. Sie schob mich gewöhnlich hinter ihren Ledergürtel. Das war zwar nicht sehr angenehm für mich, aber eine Puppe ist eben am allerliebsten bei dem Kind, dem sie gehört. In jener Zeit hatte ich das seltsamste Erlebnis meines langen Puppenlebens.
Es war in einer lauen Juninacht, einer Nacht, in der es nur wenige Stunden ganz dunkel wird. Damals wollte Großvater hinaus an den See, um Aale zu fangen. Ellens Mutter hatte schon lange davon geträumt, eine Sommernacht unter freiem Himmel zu verbringen, und bat Großvater so lange, bis er schließlich nachgab und sagte: ‚Gut, ich nehme dich mit. Aber wehe dir, wenn du es am See nicht

aushältst. Zurück kannst du vor morgen früh nicht mehr.' Großvater packte sich noch eine Decke mehr auf den Buckel. Ellens Mutter griff nach mir, und los ging es.
Es wurde schon dämmrig, als wir am See anlangten. Großvater köderte die Schnüre mit dicken Tauwürmern, die man nur in nassen Regennächten fangen kann, und warf sie weit in den See. Die letzten Meter der Schnur legte er in losen Schlingen ins Ufergras und band das Ende an einen starken Ast. So konnte der Aal, wenn er am Haken angebissen hatte, nur die wenige Schnur mit sich reißen. Dann hing er fest, mochte er sich auch sträuben. Großvater konnte ihn herausziehen. So dachte Großvater sich das jedenfalls. Obwohl die Jahreszeit günstig war und kein Mond am Himmel stand, biß doch kein einziger Fisch an.
Großvater wurde ungeduldig, zog alle Schnüre aus dem Wasser und köderte sie neu. Auch das half nichts. Er konnte keinen Aal fangen. Ellens Mutter hatte sich in ihre Decke gedreht und schlief bereits. Ich war ihr aus der Hand geglitten.
‚Was ist nur mit den Fischen los?' schimpfte Großvater. Er gähnte, zündete sich ein Pfeifchen an und merkte, wie er immer müder und müder wurde.
‚Wenn nichts beißt, kann ich auch schlafen', knurrte er schließlich. Drei Schnüre hatte er ausgelegt. Zwei Enden band er sich um die dicken Zehen, damit er sofort geweckt würde, wenn ein Fisch daran zuckelte. Das dritte Schnurende hielt

er eine Weile unschlüssig in der Hand. Dann nahm er mich, die kleine Puppe, auf und lachte: ‚Die Aale, die heute beißen, die kannst du auch festhalten', und band mir die Schnur am Bein fest.
Er schlug sich die Decke um die Schulter und war bald eingeschlafen.
Die Stunde der Puppen war gerade gekommen. Da spürte ich mit einem Male einen harten Zug an

meinem Bein. ‚Ein Fisch zieht an der Schnur', fuhr es mir durch den Sinn. Der Aal, ich merkte, daß es ein ganz starker sein mußte, zog mich gegen das schwarze Wasser hin.
Ich stemmte mich mit aller Puppenkraft dagegen und schrie aus Leibeskräften. Aber das war ein Schreien in den Wind. Weder der Großvater noch meine Puppenmutter hatten den Puppenstimmenhorchfleck.
Sie atmeten ruhig weiter und schliefen, während ich an das Ufer gezerrt wurde.
Die Kräfte waren ungleich. Ich spürte bereits das Wasser unter den Sohlen, da glitt ich zu allem Überfluß auf dem rutschigen Schlick aus und stürzte kopfüber in die Fluten. Einen Augenblick lang muß ich die Besinnung verloren haben. Als ich wieder zu mir kam, hörte ich, wie gerade ein armdicker Aal zu einem schlanken, silbrigen Fisch sagte: ‚Pietruschka, führe die Puppe zum König Goldschuppe. Vielleicht kann sie ihm helfen. Sie hat ja Arme, Hände und Finger wie die Menschen.'
‚Komm mit mir', sagte Pietruschka. Ich vernahm seine schöne Stimme, und alle Angst flog von mir. Leicht wandelte ich über den Grund des Sees wie über einen Teppich aus dunklem Samt. Herrliche Bauwerke aus grünen Pflanzen wölbten sich über mir, überwucherte Steine, kunstvolle Muschelpaläste sah ich. Endlich gelangten wir an ein wunderschönes, weißes Schloß.
‚Hier wohnt unser König', erklärte Pietruschka.

‚Du brauchst keine Angst vor ihm zu haben. Er ist ein friedlicher König.'
Vor dem Schloß hielt uns eine Wache an. Das war ein großer Hecht mit tausend scharfen Zackenzähnen in seinem Maul.
Petruschka hielt sich in achtbarer Entfernung.
‚Der Aal Schwarzrücken hat sie in den See gezogen', meldete er. ‚Sie soll vor unseren König gebracht werden.'
‚Dann nur zu', antwortete der Hecht und machte das Portal frei.
‚Geh ein wenig mehr zur Seite', forderte Pietruschka. ‚Du weißt, wie leicht dein Maul zuschnappt, wenn du Hunger hast.'
‚Hab keine Sorge, du kleiner Angsthase. Erstens bin ich satt, und zweitens fresse ich im Dienst überhaupt nicht.'
Ich merkte, wie Pietruschka trotz der Versicherungen des Hechts ein wenig zitterte. Schnell huschten wir in die Eingangshalle. Zwölf gestreifte Barsche stellten ihre Rückenstacheln hoch und gaben uns das Geleit. An der Tür zum nächsten Saal wurden sie von zwölf Rotfedern abgelöst. In einer besonders großen Halle aus weißen und blauen Muschelschalen begleiteten uns zwölf getupfte Forellen.
‚Gleich sind wir da', flüsterte Pietruschka.
Wir befanden uns vor einer großen Tür, die über und über mit wundervollen Perlen geschmückt war. Pietruschka klopfte mit seinem Schwanz dreimal dagegen. Die zwölf Forellen schwammen

ein Stückchen zurück. Eine leichte Strömung im Wasser öffnete die Tür, und helles, mandelgrünes Licht strahlte uns entgegen. Doch war keine einzige Lampe zu sehen, kein Kronleuchter spendete diese Beleuchtung. Als sich meine Augen daran gewöhnt hatten, erkannte ich, daß es tausend und aber tausend kleine leuchtende Fischchen waren, die mit ihrem Flimmern diesem Saal das Licht spendeten. Die Rückwand des Saales war von einem schwarzen Berg gefüllt, auf den hinauf eine breite, weiße Straße führte.

‚Mach einen Knicks', wisperte Pietruschka.

Ich sank in die Knie, obwohl ich den König noch

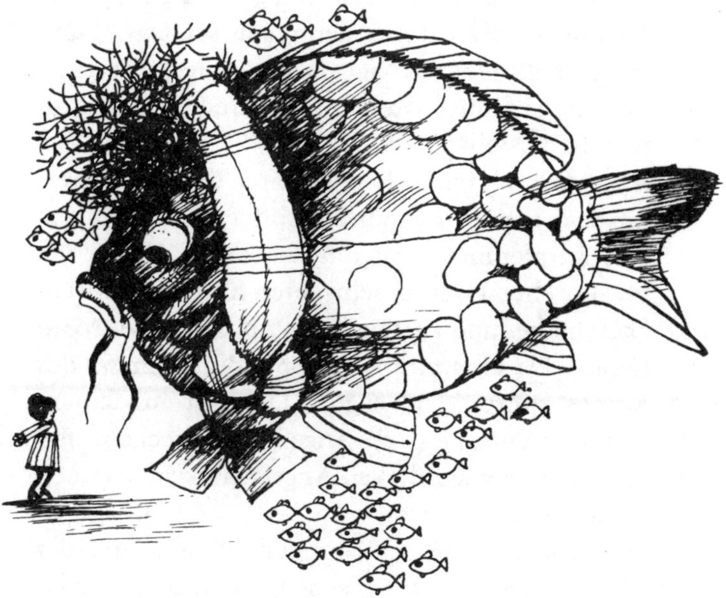

gar nicht gesehen hatte. Da blitzte es vor mir auf. Plötzlich erkannte ich ihn an seinen talergroßen Goldschuppen auf dem Rücken. Das, was ich für einen schwarzen Berg gehalten hatte, das war ein riesiger dunkler Karpfen. Die weiße Straße aber war ein Schal, der ihm um den Kopf gebunden worden war. Es war dies der größte Karpfen, den ich in meinem Puppenleben je gesehen habe.
‚Kannst du mir helfen?' sprach der König mit tiefer, leiderfüllter Stimme.
‚Was soll ich denn tun?' fragte ich.
‚Komm her zu mir, Puppenkind.'
Pietruschka gab mir einen kleinen Stoß in den Rücken. ‚Geh nur!' hauchte er.
Ich schritt tapfer auf den König Goldschuppe zu. Er mußte uralt sein, denn auf seinem Haupt wuchs statt einer Krone goldschimmriges Moos.
‚Schau in meinen Mund hinein, Kind. Erzähle mir, was du da siehst.'
Als erstes sah ich zu beiden Seiten des Mauls zwei lange, schwarze Schnurrbartspitzen herabhängen. Das Karpfenmaul war innen hellrosa. Damit ich besser sehen konnte, schwebten fünf Leuchtfischchen herbei und glitten in des Königs großes Maul hinein. Da erkannte ich, woher der Schmerz des Königs rührte, und sagte: ‚Du hast in deinem Gaumen einen großen Angelhaken stecken, und ein Stück von der dicken Angelschnur hängt auch noch daran.'
Die Leuchtfische schwammen heraus, und der König sprach: ‚Recht gesehen, Kind. Nun kennst

du mein Elend. Beim Kauen und Schlucken schmerzt mich der Haken furchtbar. Außerdem kitzelt die Angelschnur. Kannst du mir helfen, von diesem Übel loszukommen?'
‚Ich will es versuchen', versprach ich. ‚Öffne bitte deinen Mund.' Ich war mutig geworden, merkte ich doch, daß ich in diesem Schloß auf dem Grund des Sees als lieber Gast angesehen wurde.
‚Leuchtfische, schwimmt herbei', befahl ich. Flugs kamen sie. Ich faßte den Haken mit beiden Händen und zerrte daran. Doch er rührte sich nicht. Fest saß er in der harten Hornschicht des Gaumens. Ich versuchte es wieder und wieder, bis meine Kräfte erlahmten. Ermattet gab ich den Leuchtfischen ein Zeichen, daß sie ausschwimmen konnten.
‚So geht es nicht, König Goldschuppe', sagte ich. ‚Gib mir einen Tag Bedenkzeit. Vielleicht fällt mir etwas ein.'
‚Gut', willigte der König ein. ‚Pietruschka, du bleibst in ihrer Nähe. Mein Haushofmeister wird euch ein Gemach anweisen.'
Der Haushofmeister war ein großer Krebs. Er war lustig anzusehen, wie er rückwärts vor uns herlief und mit seinen großen Scheren klapperte.
‚Hier herein, meine Dame', sagte er und führte mich in ein meerblaues Gemach.
‚Das ist unser schönstes Gästezimmer', schwärmte Pietruschka. ‚Darin hat sogar die Nixe Entenfuß gewohnt, als sie vor neunundvierzig Jahren hier zu Gast gewesen ist.'

Ich war von Schrecken und Anstrengungen so müde geworden, daß ich mich auf ein weiches Algenbett niederfallen ließ und augenblicklich einschlief. Ich weiß nicht genau, wieviel Stunden ich fest geschlafen hatte, als Pietruschka mich ganz sacht mit seiner Flosse wachstreichelte. Der Schlaf in dem kühlen Seewasser hatte mich wunderbar erquickt. Ich brauchte gar nicht lange nach einem Plan für die Heilung des Königs zu suchen. Gleich fiel mir ein, was Hilfe bedeuten konnte.
‚Besorge mir ein Messer, Pietruschka', sagte ich.
‚Wir sind im See, Kind, nicht auf der trockenen Erde. Im See würde jedes Messer schnell verrosten.
‚Gibt es denn gar nichts Scharfes auf dem Grund?' fragte ich.
‚Doch, doch, natürlich. Im tiefen Tal liegt noch ein Hechtgerippe. Ein Zahn aus seinem Maul . . .'
‚Nein, das geht nicht. Das Scharfe muß größer sein.
‚Wir müßten eine harte Muschelschale schleifen', schlug Pietruschka vor.
‚Damit könnte ich vielleicht den Haken herausschneiden', sagte ich.
Pietruschka redete mit drei schnellen Zandern. Die zeigten mir eine dicke Muschelschale vor.
‚Sie muß rasiermesserscharf sein', sagte ich.
‚Schwimmt eine Runde durch den See. Schleift sie stets über den Sand. Dann wird die Kante dünn', befahl Pietruschka.
Der silbrige Fisch gefiel mir immer besser. Er war

nicht nur höflich, sondern steckte auch voller guter Einfälle.
Es dauerte eine ganze Weile, bis die Zander den großen See umrundet hatten. Endlich aber kehrten sie zurück. Die Muschelschale war zwar an der Kante schon dünner geworden, aber scharf war sie noch nicht.
‚Bitte, schwimmt noch einmal', sagte Pietruschka. Diesmal legte er einen flachen Kieselstein in die Höhlung der Muschel. So wurde sie fester auf den Sand gedrückt und dadurch schneller geschliffen.
‚Unseren König hat beim letzten Ausflug das große Unglück getroffen', berichtete Pietruschka. ‚Er schwimmt mit seinem Gefolge gerade durch den Libellengraben, da findet er plötzlich eine wunderschöne, faustgroße Pellkartoffel im Schlick. Pellkartoffeln sind König Goldschuppes Lieblingsspeise. Doch in dieser verlockenden Speise hatte ein Angler seinen Angelhaken verborgen. Nichts Böses ahnend, schluckte der König die Kartoffel. Schon spürte er das Eisen im Gaumen, zerreißt zwar mit seiner großen Kraft die Angelschnur, aber von dem Haken kann er sich nicht allein befreien. Hoffentlich gelingt es dir', setzte er hinzu. ‚Denn unseren König Goldschuppe dürfen wir nicht verlieren. Er ist der friedlichste König, den man sich denken kann. Drüben im Zubbersee ist ein Hecht König. Dort ist niemand seines Lebens sicher.'
Die Zander kamen zurück. Sie waren ein wenig

außer Atem, denn die Muschel mit dem Stein war nicht so leicht zu ziehen gewesen. Aber scharf war sie nun wie Mausezähne.
Ich wurde gleich in den blauen Saal vorgelassen.
‚Na, wirst du es heute schaffen?' fragte der König.
‚Ich hoffe es. Ich muß den Haken herausschneiden.'
‚Tut es auch nicht weh?' fragte der König.
‚Ich glaube nicht, denn in deinem hornigen Gaumen spürst du kaum etwas.'
‚Hoffentlich fließt kein Blut' seufzte der König. ‚Ich kann nämlich nicht gut Blut sehen.'
‚Ich will vorsichtig sein', versprach ich. Er sperrte das Maul auf. Ich schnitt tief in den Gaumen hinein, einmal links und einmal rechts vom Haken. Als ich nun wieder an dem Eisen zog, da ließ es sich leicht herausheben.
‚Geschafft!' sagte ich und zeigte dem Karpfenkönig stolz den Haken.
‚Bravo!' rief der König. ‚Du hast eine zarte Hand. Ich ernenne dich hiermit zum obersten königlichen Arzt des ganzen Sees.'
‚Ich möchte aber gern wieder zu meiner Puppenmutter auf die Erde zurück.'
‚Papperlapapp! Du wirst Pietruschka heiraten. Ihr bekommt hundertzweiundzwanzig Diener, die euch alles heranschleppen, was ihr zum Leben nötig habt.'
‚Ich bitte dich, König Goldschuppe, laß mich doch wieder auf das Land zurück.'
‚Schluß jetzt. Du wirst dich schon einleben!'

Die Schnurrbartspitzen des Karpfens sanken ganz tief herab. Pietruschka zog mich aus dem Königssaal fort, denn er wußte, wenn die königlichen Schnurrbartspitzen erst einmal so tief hingen, dann änderte Goldschuppe seinen Sinn nicht mehr.

Ich wollte weinen, doch im Wasser sieht niemand die Tränen.

‚Liebster Pietruschka', flehte ich, ‚ich habe dich zwar recht liebgewonnen. Aber tausendmal lieber habe ich meine Puppenmutter auf dem Land. Laß mich doch bitte, bitte zu ihr zurück.'

Da verdrehte Pietruschka die Augen. Das ist bei den Fischen das Zeichen der größten Traurigkeit.

‚Gern würde ich dich bei mir behalten, Puppenkind', sagte er, ‚aber zwingen will ich dich nicht. Halt nur noch aus bis zur Nacht, dann führe ich dich auf den Weg zum Ufer.'

Er wollte mir noch dies und das zeigen, sprach von der Krabbe, die die Zukunft voraussagen konnte, von der Seeschlange, die die buntesten Geschichten wußte, und von den Perlmuscheln, die die schönen Perlen ausschwitzen. Aber ich dachte nur an den Abend, so sehnte ich mich ans Land zurück. Betrübt wies mir Pietruschka schließlich den Weg. Schon konnte ich über mir die Seerosen auf dem Wasserspiegel erkennen, da legte mir Pietruschka zum Abschied die Kette um den Hals, die Katrin mir wiedergegeben hat. Sicher könnt ihr verstehen, wie sehr ich an dieser Kette hänge."

„Gewiß, das können wir verstehen", sagte Ursula.

„Du kannst wundervoll erzählen, Anna", seufzte Katrin. „Sage mir nur noch schnell, bevor eure Stunde vorübergeht, wie bist du wieder zu Ellens Mutter zurückgekommen?"

„Das ist schnell gesagt. Ellens Mutter war jeden Tag zum See gelaufen und hatte nach mir Ausschau gehalten. So fand sie mich. Wir waren beide glücklich. Der Großvater aber schob sich die blaue Schirmmütze in die Stirn, kratzte sich hinter dem Ohr, starrte mich an und brummte: ‚Das geht nicht mit rechten Dingen zu.'"

Bippo und Ursula standen schon an der Tür.

„Katrin, Katrin, denk an mich", flüsterte Angelika.

Sigrid darf mit Puppen spielen

Am Samstag sagte Fräulein Kunze in der Schule: „Montag, Kinder, beginnen die Ferien. Sie dauern die ganze Woche."

„Wir bekommen doch Zeugnisse!" wußte Helmut.

„Ja, ihr bekommt eure ersten Zeugnisse."

Katrin trug ihr Zeugnisheft im Ranzen nach Hause. Sie wußte nicht genau, was darin stand, und war ein wenig ängstlich, weil Mutter gesagt hatte: „Daß du mir ja ein gutes Zeugnis mitbringst!" Sofort zeigte sie es vor. Mutter blickte ernst drein, als sie es durchlas.

„Was steht drin, Mutter?" fragte Katrin.

„Katrin hat einen guten Anfang gemacht!" las die

Mutter vor. „Aber unten steht noch ein Sätzchen, das gefällt mir weniger. Es heißt: Katrin paßt in den letzten Wochen sehr schlecht auf."
„Das wird bald besser, Mutter", versprach Katrin.
„Ich hoffe es auch", sagte Mutter. „Wir fahren übrigens morgen zu Tante Marion in die Innenstadt. Dort schlafen wir beide die Nacht im Wohnzimmer und gehen am Montagmorgen gleich zu Dr. Hasenkötter."
„Wird es weh tun?" fragte Katrin ängstlich, und sie mußte an den großen Karpfenkönig Goldschuppe denken.
„Nichts wirst du spüren, Kind", tröstete die Mutter. „Wenn du nach ein paar Tagen nach Hause kommst, dann ist der Hexenfleck weg."
Katrin schwieg einen Augenblick, sagte aber dann: „Weißt du, Mutter, eigentlich ist es mir schon gleich, ob ich den Fleck habe oder nicht."
Später ging Katrin zu den Mädchen.
„Sigrid ist krank", erzählte Dora. „Sie hat starke Leibschmerzen und muß im Bett bleiben."
„Ob wir nicht zu ihr gehen können, wenn ich die Geschichte erzähle?"
„Wir können es ja versuchen", sagte Ellen.
Sie liefen die Treppe hinauf. Frau Simon öffnete.
„Wenn ihr leise und artig seid, dann dürft ihr zu ihr", willigte sie ein.
Die Mädchen versprachen es.
Sigrid lag in der Küche auf der Polsterbank. „Schön, daß ihr kommt. Ich habe schon auf die nächste Geschichte gewartet, Katrin."

Frau Simon setzte sich in die Ecke, als Katrin die Geschichte von Anna erzählte.
„Woher hast du das nur, Kind?" fragte sie, als Katrin geendet hatte.
„Alles von den Puppen, Frau Simon. Wissen Sie übrigens, daß es Angelikas liebster Wunsch ist, mit Sigrid zu spielen?"
„Wirklich?" fragte Frau Simon. Sie ging zum Regal, nahm Angelika heraus und legte sie Sigrid in den Arm.
„Danke Mutter", sagte Sigrid. „Du wirst sehen, auf diese Puppe gebe ich gut acht."
„Ich gehe morgen fort", berichtete Katrin. „Ich muß zum Arzt. Aber vorher werde ich euch die Geschichte von Angelika erzählen."
Ellen war noch ganz in die Geschichte ihrer Puppe versunken. „Meine Mutter hat ihre Puppe wohl sehr lieb gehabt. Davon, daß sie sie einmal am See verloren hat und erst nach drei Tagen wiederfand, hat sie mir erzählt. Als sie im letzten großen Krieg mit Großmutter und Großvater Hals über Kopf Haus und Hof verlassen mußte, da hat sie Anna mitgenommen. Anna ist das einzige, was Mutter aus ihrer Heimat mitgebracht hat." Ellen streichelte ihre Puppe und flüsterte ihr ganz leise ins Ohr: „Ich will dich auch ganz lieb haben, weißt du."

Die Samstaggeschichte: Warum neigen die Sonnenblumen ihre Köpfe?

An diesem Abend konnte Katrin nicht einschlafen. Sie mußte an Dr. Hasenkötter denken und daran, ob sie wohl etwas davon spürte, wenn der Fleck weggenommen wurde. Endlich fiel sie in einen unruhigen, flachen Schlaf. Als die Tür ein wenig knarrte, war sie sofort hellwach. Bippo trug Ange-

lika auf seinen Schultern. Sie war eine ganz andere Angelika. Übermütig und heiter winkte sie Katrin und den beiden Puppen zu und rief mit kräftiger, wohlklingender Stimme: „Katrin hat es wirklich geschafft. Frau Simon erlaubte Sigrid, mit mir zu spielen. Hört euch meine Stimme an! Ist sie nicht genauso schön wie früher?"
„Das ist sie wahrhaftig", bestätigte Karolin.
„Nun", drängte Katrin, „mit der gesunden Stimme wirst du uns gewiß eine gute Geschichte erzählen können."
„Und ob!" versprach Angelika. „Setzt euch nur, ich will gleich damit beginnen."
Alle machten es sich bequem. Angelika räusperte sich noch einmal und fing an:

„Ich will euch heute erzählen, warum die Sonnenblumen ihre Köpfe neigen. In alter Zeit, als die Sonnenblumen ihre tellergroßen Blütensonnen noch stolz und gerade auf dem Stengel trugen, da zogen die Blumenelfen umher und suchten sich ihre Sommerwohnungen. Am Rande des Gartens wuchsen nun zwei Sonnenblumenstauden. Im Frühjahr hatte der Bauer hier einige gestreifte Samenkörner verloren, als er auszog, um auf dem Feld in der Nähe Sonnenblumen zu säen. Damals, müßt ihr wissen, machte man nämlich in jener Gegend aus den Sonnenblumenkernen ein klares, braunes Öl.
Die Bäuerin hatte bald gemerkt, was sich da zwischen die Studentenblumen und Margeriten ein-

geschlichen hatte, doch sie zog die kräftigen Pflanzen nicht aus der Erde. Drei schöne Blüten trug jede der beiden Sonnenblumen, groß und gleichmäßig, als ob sie von einem Sonntagsmaler liebevoll gemalt worden wären.

Als gegen Morgen der kleine Elf mit seiner Frau und seinem Töchterchen diese herrlichen Blumen sah, da war er entzückt und rief: ‚Hier wollen wir den Sommer lang wohnen. Ein so schönes Sommerhaus hatten wir lange nicht mehr.'

Die Elfenmutter und das liebliche, zarte Elfenmädchen stimmten zu. Der Vater bezog den größten Blütenkreis, die Mutter wohnte dicht daneben und das Elfenmädchen ein wenig tiefer auf einer kleineren Blüte. Das Mädchen hieß Naburegulaburosa. Die Elfenkinder haben alle so klangvolle Namen. Doch ich will sie lieber Rosa nennen, weil ich mir sonst die Zunge verrenke. Weil die Sonne schon golden und gleißend über dem Himmelsrand aufging, legten sie sich gleich nieder und schliefen den ganzen Tag.

Am Abend tanzten die Glühwürmchen, als das Elfenmädchen erwachte. Sie richtete sich auf, rieb sich die Augen und fand sich erst gar nicht zurecht. Doch da beugte die Elfenmutter ihren Kopf über den Blütenblätterrand und sagte: ‚Ist es nicht herrlich hier?' Das fand das Elfenmädchen auch.

‚Wir werden einen schönen Sommer hier verleben', sagte der Elfenvater, und er war recht zufrieden mit seiner Wahl.

Inzwischen wurde es auch auf den anderen Blu-

men lebendig. Auf den Margeriten wohnte ein lustiges Völkchen, und auf den Studentenblumen war eine Tanzschule für Elfen eingezogen. Für Abwechslung war also gesorgt. Die ersten Sommerbekanntschaften von Blume zu Blume waren bald geschlossen. Mutter Elflein schaute sich bereits mit klugem Blick in der Umgebung um, ob nicht für ihr Elfenkind ein guter Freier Quartier bezog, denn Rosa war gerade hundertdreiundfünfzig Jahre alt. Das ist die Zeit, in der die Elfenmädchen sich einen Mann suchen. Da kam, es graute bereits der Morgen, eine weitere Familie dahergeschwebt. Sie ließ sich auf der anderen Sonnenblume nieder, und man hörte begeisterte Rufe herüberschallen:
‚Ausgezeichnet!' und ‚Ich hätte nie geglaubt, daß wir so spät im Sommer noch . . .' und ‚Punktum! Hier bleiben wir.' Doch da kam der Tag, und es blieb keine Zeit, sich die nächsten Nachbarn anzusehen.
Am Abend gab es eine große Aufregung. Rosa wurde von Vaters zorniger Stimme wach. ‚Das ist ja eine bodenlose Frechheit!' schimpfte er.
‚Sie können uns gestohlen bleiben!' schallte es von der Nachbarpflanze herüber.
Erschreckt richtete sich Rosa auf und schaute zum Nachbarn hin. Da fiel ihr Blick auf einen wunderschönen jungen Elfenmann.
Ohne sich an das Gekeif im oberen Stockwerk zu stören, winkte sie ihm zu und rief: ‚Wie heißt du, Elfenmann?'
‚Ich heiße Kasikullakatikamir', sagte er. Doch

weil das für uns Puppen sehr schwer auszusprechen ist, sage ich jetzt Kasimir zu ihm.
‚Wunderschön!' hauchte Rosa. Ihre Augen strahlten, und ihre Wangen färbten sich.
‚Ich heiße . . .' begann sie, da beugte sich ihr Vater herunter und schrie zornig: ‚Schweigst du wohl still, du böses Kind! Sprich kein Wort mehr mit diesem Volk!'
‚Achgottachgott', jammerte die Elfenmutter, ‚jetzt ist uns dieser schöne Sommer ganz verdorben.'
Rosa wagte noch einen Blick zu Kasimir hinüber, doch sie mußte sehen, wie auch er von seinen Elfeneltern ausgezankt wurde.
Später tat es dem Vater ein wenig leid, daß er sein Töchterchen so angefahren hatte. Er schwebte zu ihr herunter und tröstete sie:
‚Kind, es ist eben ein großes Pech, das wir mit unseren Sommernachbarn haben. Aber ich werde dir einen großen, weißen Nachtschmetterling mieten. Der setzt sich dann auf den Blütenrand und verdeckt mit seinen Flügeln die Sicht zu den Nachbarn.'
Doch das kam Rosa gar nicht schön vor. Sie dachte an Kasimir, und ihr Herz begann schneller zu schlagen. ‚Vielleicht wäre er der richtige Mann für mich!' Der Vater hörte das nicht, aber die Mutter.
‚I bewahre', rief sie, ‚in eine so schlechte Familie darfst du niemals hineinheiraten!'
‚Behaltet eure dumme Gans nur', keifte es von drüben, ‚unser Sohn ist viel zu schade für sie!'

‚Niemals!' sagte der Elfenvater. Und wenn er ‚Niemals' sagte, das wußte Rosa, dann war das auch genauso gemeint.
Der Falter wurde gemietet und verdeckte jede Aussicht auf die Nachbarblüten. Da wurde Rosa trauriger und trauriger. Mutter bot ihr an, in der Elfenschule auf den Studentenblumen das Tanzen zu lernen, doch sie winkte nur matt mit der Hand ab.
‚Niemals!' bekräftigte der Vater sein Verbot, und auch von drüben schallte es: ‚Niemals!'
Eines Nachts, als der große Falter ein wenig eingeschlafen war und die Flügel niedersenkte, da sah Rosa ihren Kasimir wieder. Auch er schien sehr blaß und betrübt. Er hob seine Hände. Rosa erkannte, daß er sogar von seinen Eltern an die Blüte gefesselt worden war. Eine dicke Kette war um seine Arme geschlungen. Da jammerte sie laut auf. Der Falter wurde aus dem Halbschlaf gerissen und zog die Flügelvorhänge wieder zu.
‚Was jammerst du, dummes Ding', brummte der Vater. Er kletterte dann aber doch zu ihr herunter. ‚Weißt du denn nicht, welch großes Leid mir der da drüben auf der Blume angetan hat?'
Rosa wandte dem Vater den Rücken zu und wollte nichts hören. Der Vater aber vertraute darauf, daß seine Tochter ihn verstehen würde, und erzählte, wie es zu der großen Feindschaft zwischen ihm und den Nachbarn gekommen war.
‚Vor vierhundertzweiunddreißig Jahren wohnten wir ebenfalls auf einer Sonnenblume, und die da-

drüben waren unsere Nachbarn. Damals waren wir jung verheiratet, und es gab keine Feindschaft zwischen uns. Ja, wir freundeten uns sogar ein wenig an, weil wir beide dasselbe Geschäft betrieben. Er handelte mit Blütenhonig, und ich ebenfalls. Es ging alles gut, bis ich dann einmal mit einer dicken Biene von weither verhandelte. Sie wollte mir einen ganzen Stock mit Honig verkaufen. Der Preis, den sie nannte, war so niedrig, daß ich auf einen Schlag mein Glück hätte machen können. In meiner Freude erzählte ich dem Nachbarn davon. Der hatte nichts Eiligeres zu tun, als die Biene beim nächsten Besuch abzufangen. Er schnappte mir das Geschäft vor der Nase weg.'
Das fand Rosa nun wirklich nicht schön.
‚Aber ich will doch nicht den Vater heiraten, sondern den Sohn', wagte sie einzuwenden.
‚Papperlapapp', sagte der Elfenvater. ‚Der Sohn ist so schlecht wie der Vater. Schlag dir das aus dem Kopf. Die Familie heiratet man immer mit!' Dann schmunzelte er listig und setzte hinzu: ‚Aber ich habe mich in jenem Sommer noch an ihm gerächt. Ich habe das Gerücht verbreitet, der Honig von der fremden Biene sei nicht mehr frisch und rieche bereits unangenehm. Da saß er auf seinem Vorrat und konnte ihn nicht loswerden. Schließlich hat er ihn so billig verschleudern müssen, wie er ihn bekommen hat.'
Der Elfenvater kicherte und kehrte zu seiner Blüte zurück.
Der Sommer ging dem Herbst entgegen. Rosa war

immer blasser und zerbrechlicher geworden, und auch Kasimir war sehr betrübt. Die Eltern jedoch dachten gar nicht daran, sich auszusöhnen. Da verloren schließlich die Sonnenblumen über soviel Starrsinn die Geduld. Die beiden kleineren Blüten begannen ganz allmählich ihre Köpfe gegeneinander zu senken, so daß sich Rosa und Kasimir immer näher kamen. Das geschah so behutsam, Stückchen um Stückchen, daß die Mütter und Väter gar nichts davon merkten.

Erst als die beiden Blüten sich in der dritten Nacht einander so genähert hatten, daß der Falter schlaftrunken mit den Flügeln nach unten zeigte und Rosa ihren Kasimir in die Arme schließen konnte, da erspähte Mutter Elfchen das Glück und stieß über dieses Unglück einen schrillen Schrei aus.

Vater Elf geriet ganz außer sich. Er tobte und schrie. Aber es war nichts mehr zu ändern. Hat nämlich ein Elflein einmal einen Elfenmann in die Arme geschlossen, dann wird geheiratet, komme, was da wolle.

Schließlich hatten sich die vier ganz heiser geschrien, während Rosa und Kasimir glücklich lächelnd nebeneinander saßen und die Sonnenblumen streichelten, die Mitleid mit ihnen gehabt hatten. Vater Elf aber stob zornig davon und kehrte bald darauf mit dem Elfenzauberer Bodiwoziwobel zurück. Er redete wild auf ihn ein.

‚Du mußt die Sonnenblumen bestrafen!' forderte er. ‚Wo sollen wir denn hinkommen, wenn jede Sommerblume machen kann, was sie will.'

Der Zauberer Bodiwoziwobel nickte, hob den Zauberstab, knurrte den Zauberspruch und sprach:
‚Ich, der große Zaubermeister, befehle, daß alle Sonnenblumen sich schämen und in Zukunft ihre Köpfe hängen lassen, aber alle in eine Richtung, damit so etwas nicht mehr vorkommen kann.'
So geschah's. Die Köpfe sanken. Die Elfen mußten den Rest des Sommers auf einer Blüte wohnen, deren Boden ganz schief stand. Das war nicht angenehm. Als Vater Elf in der nächsten Nacht dreimal ausgerutscht war und beim drittenmal gar sein Pfeifchen verlor, merkte er endlich, wohin der sinnlose Streit ihn geführt hatte. Da mußte er über sich selbst lachen. Mutter Elf freute sich, daß ihr Mann seinen Zorn verloren hatte, und lachte mit. Schließlich versuchten auch die Nachbarn ein leises Lachen. Wenn man gemeinsam lacht, dann hat der Streit bald ein Ende.
Als in der folgenden Woche die Hochzeit stattfand, da tanzte Vater Elf sogar mit der Frau seines früheren Feindes. Die Elfen der Tanzschule klatschten dazu in die Hände. Rosa und Kasimir aber waren nun erst recht glücklich. Die Sonnenblumen aber haben aus der Not sogar eine Freude gemacht, denn sie drehen seitdem ihren gesenkten Kopf stets ihrer Mutter, der aufgehenden Sonne, zu."
„Wie gut, daß die Geschichte doch noch ein glückliches Ende gefunden hat", sagte Wendelin. „Ich mag nämlich traurige Geschichten nicht leiden."

„Ich muß euch aber noch etwas Trauriges erzählen", sagte Katrin.
„Was denn? Was denn? Spielen die Mädchen immer noch nicht mit dir?"
„Doch. Sie sehen meinen Fleck gar nicht mehr."
„Nun, was ist es denn?"
„Ach, mein Fleck wird vielleicht am Montag von Dr. Hasenkötter weggemacht", sagte Katrin.
„Wie schade", bedauerten die Puppen. „Dann wirst du uns ja gar nicht mehr verstehen können!"
„So ist es", sagte Katrin.
Da schlug es von der Kirchturmuhr Mitternacht. Die Puppen eilten hinaus, und noch von der Treppe her hörte Katrin den Bären Bippo brummen: „Wirklich schade. Wir hatten uns schon so an dieses Menschenkind gewöhnt."
Wendelin kam noch einmal zu Katrin und flüsterte: „Wenn sie wieder ‚Hexenfleck' sagen, dann mußt du laut darüber lachen. Immer wenn du über den Spott anderer lachst, dann lachst du den Spott tot."
Endgültig war die Stunde der Puppen aber jetzt vorbei. Wendelin konnte nicht einmal mehr auf seinen Platz hüpfen. So kam es, daß er am nächsten Morgen immer noch in Katrins Bett lag.

Katrin ist nicht mehr allein

Am Sonntagmorgen hatte Katrin gar keine Lust, die Augen aufzuschlagen. Sie hörte den Regen gegen die Scheiben trommeln. Die Kaffeekanne in der Küche klirrte, und der Wasserkessel pfiff. Sie wollte sich gerade noch einmal umdrehen, da steckte Vater seinen Kopf ins Zimmer. „Na, willst du Schlafmütze denn heute gar nicht aufstehen?" neckte er sie.

Katrin reckte und streckte sich, saß aber dann doch pünktlich am Sonntagmorgenkaffeetisch. Als sie später wieder aus der Kirche zurück waren, hatte der Regen immer noch nicht aufgehört. Vater sagte: „Wir fahren gleich nach dem Mittagessen zu Tante Marion. Heute nachmittag ist eine Sportübertragung im Fernsehen. Die will ich nicht verpassen."

Es schellte. Dora stand vor der Tür und sagte: „Wir sind alle bei Tante Lina. Kommst du auch?"

Katrin lief mit. Die anderen Mädchen saßen auf Tante Linas Sofa. Für Dora war noch ein Platz frei. Sigrid hockte in der Sofaecke. Sie war noch ein bißchen blaß um die Nase herum, aber sie hatte keine Schmerzen mehr.

Tante Lina schaukelte sachte in ihrem Stuhl. Sie dachte: „Nun will ich doch mal sehen, was sie mit Katinka anfangen." Die stand nämlich am Tisch und hätte sich allzugern ebenfalls auf das Sofa gesetzt.

Ellen merkte es ihr an und sagte: „Los, rückt ein

wenig enger zusammen. Dann ist für Katrin auch noch Platz."

„Es ist zu eng", murrte Sigrid. Doch als Beate, Dora und Ellen sich ganz schmal machten, da drückte auch sie sich fest in die Sofaecke hinein.

„Das wäre doch gelacht", sagte Tante Lina, „wenn auf meinem guten alten Sofa nicht fünf schmale Heringe nebeneinandersitzen könnten."

„Nun", sagte Sigrid ein wenig patzig, „hat meine Angelika auch etwas erzählt?"

„Sie hat eine richtige Sonntagsgeschichte gewußt", antwortete Katrin. Alle blickten auf das Mädchen, und Katrin erzählte genau das, was sie in der Nacht erfahren hatte.

„Das war meine letzte Geschichte", schloß Katrin.

„Wie schade", sagte Ellen. „Ich könnte jeden Tag eine hören."

„Solltest du uns nicht sieben neue Geschichten erzählen?" sagte Sigrid.

„Ja", antwortete Katrin. Sie spürte, wie die alte Angst vor den Mädchen ein kleines Stück in ihr hochkroch. Würde sie wieder alleinstehen, wenn sie keine Geschichten mehr wußte? Doch da sagte Ellen: „Geschichten oder nicht. Ich lade dich zu meinem Geburtstag am Donnerstag ein, Katrin. Wendelin und Karolin darfst du mitbringen."

Sigrid zog ein Gesicht, doch sie sagte nichts. Da wußte Katrin, daß sie endgültig dazugehörte.

„Ich würde euch gern noch mehr Geschichten erzählen, denn die Puppen wissen so viele, wie Stare im Kirschbaum sitzen. Aber ich werde sie wohl bald nicht mehr verstehen können."

„Nicht mehr verstehen? Du kannst sie nicht mehr verstehen?"

„Nein", antwortete Katrin, „Dr. Hasenkötter macht morgen vielleicht mein Muttermal weg."

„Den Hexenfleck?" spöttelte Sigrid. Da lachte Katrin über dieses Wort, wie Wendelin es ihr geraten hatte. Ihr Lachen steckte an, und alle lachten mit. Sie lachten und kicherten allen Schmerz weg, den das böse Wort Katrin oft bereitet hatte.

„Ja, den Hexenfleck", antwortete Katrin schließlich.

„Den Puppenstimmenhorchfleck", sagte Dora.

„Eigentlich ist es schade darum", flüsterte Ellen und strich sanft über das dunkelbraune Muttermal vor Katrins Ohr.

„Und wenn er den Fleck nicht wegmachen kann?" fragte Sigrid.

Katrin hatte das schon überlegt und antwortete: „Dann ist es mir auch recht. Mit und ohne Hexenfleck, ich bin doch eure Freundin, oder?"

„Natürlich!" sagte Ellen.

„Aber sicher!" sagte Dora.

„Unsere gute Freundin!" sagte Beate.

Und Sigrid? Die sagte gar nichts. Aber sie gab Katrin einen ganz kleinen Kuß genau auf den Hexenfleck.

„Darauf wollen wir anstoßen", rief Tante Lina und mischte sechs große Gläser Himbeersaft.